农家乐财务管理 88 问

樊晓琪 编著

浙江工商大学出版社

图书在版编目(CIP)数据

农家乐财务管理 88 问 / 樊晓琪编著. —杭州：浙
江工商大学出版社，2011.5
（农家乐经营宝典系列）
ISBN 978-7-81140-308-4

Ⅰ. ①农… Ⅱ. ①樊… Ⅲ. ①农村—旅游业—财务管
理—中国 Ⅳ. ①F592.6

中国版本图书馆 CIP 数据核字(2011)第 067399 号

农家乐财务管理 88 问

樊晓琪 编著

责任编辑	任晓燕
责任校对	周敏燕
封面设计	刘 韵
责任印制	汪 俊
出版发行	浙江工商大学出版社
	（杭州市教工路 198 号　邮政编码 310012）
	（E-mail：zjgsupress@163.com）
	（网址：http://www.zjgsupress.com）
	电话：0571 - 88904980，88831806（传真）
排　版	杭州朝曦图文设计有限公司
印　刷	杭州杭新印务有限公司
开　本	787mm×960mm　1/32
印　张	5
字　数	735 千字
版 印 次	2011 年 5 月第 1 版　2012 年 5 月第 2 次印刷
书　号	ISBN 978-7-81140-308-4
定　价	13.00 元

前　　言

　　农家乐是一种新型的旅游休闲形式，它是以城市居民为目标消费群，以农家村居为载体的乡村观光旅游项目，受到广大消费者的喜爱。农家乐的兴起，不仅促进了农村旅游事业的发展，也促进了区域经济的发展，而且还带动了农民收入的快速增长。目前，农家乐仍处于培育发展阶段，农家乐的经营者还缺乏管理方面的技能，缺乏对财务会计管理制度、方法的了解。因此，要做大、做强农家乐，就必须规范农家乐的经营，需要农家乐的管理者、投资者加强财务会计与管理知识的学习，在实践中不断探索提升管理水平。

　　本书宣传、普及了财务会计与管理的基本知识，通过一问一答的编写形式，对农家乐可能用到的财务会计与管理知识加以介绍，以通俗的语言

来表述会计的专业知识。另外,本书配有部分小案例,让读者能够从中轻松地领悟到一些道理,达到掌握财务管理技能的目的。全书共分六个项目:项目一初识农家乐的财会制度;项目二熟悉农家乐的会计核算方法;项目三学会农家乐的会计科目;项目四掌握农家乐的成本核算方法;项目五了解农家乐的税金与利润;项目六制订农家乐内部控制目标。本书可以作为农家乐经营者和从业者的培训用书,也可以作为对财务管理感兴趣人员的自学用书。

本书由浙江工商大学樊晓琪副教授编著。本书作者从事会计教学26年,编著过有关财务会计、成本会计、会计实验等教材,有丰富的会计教学、会计教材编写经验。由于国家没有出台农家乐专门的会计制度,编写过程中主要套用现有的会计准则,加上农家乐的经营形式多样和作者水平有限,书中肯定会有不完善的地方,敬请广大读者批评指正。

樊晓琪

2011年3月

目　　录

项目一
初识农家乐的财会制度

农家乐是新型的旅游休闲形式。农家乐的兴起推动了乡村旅游,促进了区域经济的发展,也带动了农民消费收入的增长。目前农家乐仍处于培育发展阶段,农家乐的经营户缺乏管理方面的知识和技能,特别是对财务会计管理制度缺乏了解,因此,需要利用多种渠道,宣传基本的财务会计知识。

案例一

农家乐开创之初需要了解哪些财务信息

农民阿根的家乡在山清水秀的江南,阿根进城打工多年积累了一定的资金后回到家乡,他准

备开办一家小型农庄,主要种植蔬菜、水果,他还准备投资建造数间民房,用来搞餐饮。由于资金有限,需要向银行借贷部分资金,但是阿根不清楚相关的政策与手续,于是,阿根聘请了一位懂财务会计政策的人士为其准备开办的农家乐出谋划策。

拟解决如下问题:

1. 确定农家乐的经营规模,测算所经营的农家乐需要的资金,确定其投资规模。

2. 该农家乐有多少自有资金,需要向银行借入多少资金?

3. 多少资金投入种植,多少资金投入餐饮?

4. 投入固定设备的资金有多少,用于流动周转的资金有多少?

5. 经营农家乐需要办理哪些手续?

6. 农家乐建立后需要建立哪些会计制度?

俗话说,没有规矩不成方圆。农家乐的经营需要相应的规矩,也就是要制订相应的财务会计规章制度。我们把农家乐当做事业经营,要做大、做强、要发展,就必须规范经营。

❖ 1. 农家乐需要制订哪些财务会计制度？

　　农家乐执行的财务会计制度应当是财政部2004 年 9 月 30 日颁布的《村集体经济组织会计制度》，但是，2006 年新修订的企业会计准则，也是农家乐必须参照执行的会计规范。为满足农家乐管理的需要，农家乐还应制订适应自身特点的一些财务会计制度或办法。如：农家乐会计、出纳工作职责，农家乐货币资金管理办法，农家乐收入与支出发票的管理办法，农家乐固定资产管理办法，农家乐资产物资管理办法，农家乐财务公开和监督制度等。

❖ 2. 农家乐会计工作职责有哪些？

　　(1)认真执行《中华人民共和国会计法》和《村集体经济组织会计制度》以及党和国家的方针政策。

　　(2)全面负责农家乐的会计业务工作。

　　(3)负责收据、发票的购买和保管使用情况的检查。

　　(4)严格执行财经纪律，按规定审核、报销、处理经济业务。

（5）认真进行会计核算，做到一切会计凭证、账簿、报表及其他会计资料真实、准确、完整。

（6）负责编制财务预算、决算。定期向农家乐负责人汇报经费收支使用情况。

（7）负责会计档案的归档与保管。

◈ 3. 农家乐出纳工作的职责有哪些？

（1）严格按照国家有关现金管理和银行结算制度的规定，根据合法、完整、规范的收付凭证进行复核，办理单位的工资发放、现金收付、往来款项收付以及其他收付事项，并加盖"收讫"、"付讫"等戳记。

（2）及时登记现金、银行日记账，日记账做到日清月结，账实相符。

（3）严格支票使用管理，办理对外结算业务，不签发空头支票和空白支票，不外借账户，不透支现金。

（4）及时与总账、银行对账单对账，月末编制银行余额调节表，做到账账相符。

（5）负责与各单位往来款项的划转、核算。做到每笔往来款项数据准确，依据充分。

（6）定期向领导汇报农家乐货币资金结存

情况。

◈ 4. 农家乐为何既设出纳又设会计?

《会计法》规定,任何企业既要设置会计,又要设置出纳。麻雀虽小,五脏俱全。这样可以通过内部控制,加强企业财务管理,防范舞弊现象出现。会计主要进行核算工作,做除现金收付及银行存款收付业务外的记账与转账业务和报表的编制工作。出纳主要做好与现金、银行存款有关的记账凭证与日记账的登记工作。也就是平时所说,会计管账不管钱,出纳管钱不管账,两条线分开。

◈ 5. 农家乐货币资金如何管理?

货币资金是指可以立即投入流通,用以购买商品、劳务或用以偿还债务的交换媒介物。通俗地讲,就是现金、银行存款、本票、汇票等可以立即支付使用的交换媒介物。

农家乐现金使用按国务院颁布的《现金管理暂行条例》,在规定的使用范围内使用。如:职工工资津贴、个人劳动报酬、劳保、福利费用、向个人收购农副产品价款、差旅费,结算起点在 1000 元

以下都可以使用现金。库存现金限额一般不超过日常5天的需要量,超出部分当日送存银行。严禁违规超标及不合理支出,不符合制度规定的凭证不予报销,不能白条顶库。银行存款实行基本存款账户管理,支票和印章要分开管理。严禁公款私存。

✧ 6. 农家乐收入与支出发票如何管理?

农家乐的收入必须使用财政税务部门统一规定的收据。收入要做到来源清楚,收入的相关依据可以附在收入发票后面。农家乐支出付款发票一般使用财政税务部门监制的统一发票,如服务业的限额定额发票,也可以是农家乐印制的《职工工资清单》等。

一切收支入账票据要规范,要具备以下条件:一是提供与支出事实相符的真实、合法的票据,同时附明细货单;二是要有经手人(或证明人)注明开支用途并签名;三是要有负责人审核签字并盖专用章。收入、支出发票和支票均由财会人员管理,非财会人员严禁使用。严禁转让、出借、赠送、代开、代用、盗用等行为。统一收据不得跨行业、超范围使用。

◈ 7. 农家乐资产物资如何管理?

为了加强农家乐资产物资的管理,提高其使用效率,应建立物资和固定资产登记簿,物资和固定资产实行专人保管,并纳入账内核算。每年盘点核实一次,保证账实相符。

固定资产的认定标准:一般设备单位价值在500元以上,专用设备在800元以上,使用期限在一年以上的,并在使用过程中基本保持原来物质形态的资产。单位价值虽未达到上述标准,但耐用时间在一年以上的大批同类物资,也作为固定资产。

固定资产购置以集中办理为主、分散采购为辅。对确需增加和添置的固定资产,在保证所购资产的质量、档次、功能、技术支持、售后服务等前提下,努力降低采购成本,择优采购。新购置的固定资产需要填写固定资产卡片。固定资产的使用维护费用由会计登记入账。对于使用时间较长、损坏严重不能继续使用的固定资产,需要填写《固定资产报废(报损)申报单》,经领导审批后,方可进行会计处理。

◇ 8. 农家乐如何实行财务公开和监督?

　　农家乐财务收支每年应向投资方公开一次账目,公开收入、支出明细。每张原始凭证、外来发票的背面须有农家乐负责人的签名,经手人要注明开支用途及签名,以明确各自责任。

项目二
熟悉农家乐的会计核算方法

目前农家乐仍处于培育与发展阶段,农家乐的会计核算需要规范,而农家乐的经营者大多缺乏对财务会计核算方法的了解,因此,需要他们学习财务会计知识,尽可能掌握会计核算方法。

案例二

农家乐会计需要了解哪些核算方法

农民阿根的农家乐开业了,目前仍处于试营业阶段,农家乐的经营管理还不完善。阿根任命老婆阿菊为该农家乐的会计,全面负责农家乐的日常会计核算和日常收支等财务管理工作。阿菊在开展财务工作之前,首先聘请了出纳,负责日常

现金收付工作。然后开始学习会计核算的基本原则与会计核算方法,对农家乐可能用到的会计凭证、会计账簿、会计报表进行初步了解。

进行会计核算,必须遵循会计核算的基本原则,了解会计核算的基本内容,掌握会计核算的方法。传统会计的核算内容是资金运作过程,并通过凭证—账簿—报表的形式反映。因此,了解农家乐使用的各式凭证、账簿、报表是做好核算的基础。

◈ 9. 农家乐会计核算的基本前提是什么?

会计核算的基本前提也叫会计假设,是对会计信息所处的时间、空间环境所作的合理假定,它是组织会计核算工作应当具备的前提条件,是企业进行会计确认、计量和报告的基本前提。具体包括会计主体、持续经营、会计分期、货币计量。

农家乐的会计主体规范了会计核算的空间,是农家乐组织所发生的全部经济业务;持续经营是以农家乐持续、正常生产经营活动为前提的,不考虑农家乐破产清算时的情况;农家乐的会计分期是在持续经营过程中,将会计核算期划分到每

个自然月,以便结算账目,按期编制会计报表;农
家乐以人民币为货币基本记账单位。

案例三

会计的行动指南是什么

　　会计阿菊对会计基本原则不够了解,就问一
位会计事务所的朋友。朋友告诉她,会计的行动
指南就是会计准则,就好比饭店的菜单。其实会
计准则对会计而言,就好比法律对每个人而言,是
一条准绳、一种判断和行动的准则。有了它才能
做到有法可依、有法必依。阿菊明白了,会计记账
必须有凭有据,不能随意行事。会计其实是一项
非常严谨的工作。

❖ 10. 农家乐会计核算需要遵循哪些基本原则?

　　可靠性原则:农家乐应当以实际发生的经济
业务为依据进行会计确认、计量和报告,如实反映
确认和计量要求的各项会计要素及其他相关信
息,保证会计信息真实可靠、内容完整。

　　有用性原则:要求农家乐提供的会计信息应

当与财务报告使用者的经济决策需要相关,有助于财务报告使用者对农家乐过去、现在或未来的情况做出评价或者预测。

可理解性原则:要求农家乐提供的会计信息应当清晰明了,便于财务报告使用者理解和使用。

可比性原则:要求农家乐提供的会计信息应当相互可比。

实质重于形式原则:要求农家乐应当按照经济业务的经济实质进行会计确认、计量和报告,不应仅以经济业务的法律形式为依据。

重要性原则:要求农家乐提供的会计信息应当反映与企业财务状况、经营成果和现金流量等有关的所有重要经济业务。

稳健性原则:要求农家乐对经济业务进行会计确认、计量和报告时应当保持应有的谨慎,不应高估资产或者收益,低估负债或者费用。

及时性原则:要求农家乐对于已经发生的经济业务,应当及时进行会计确认、计量和报告,不得提前或者延后。

权责发生制原则:凡是当期已经实现的收入和已经发生或应当负担的费用,不论款项是否收付,都应当作为当期的收入和费用;凡是不属于当

期的收入和费用,即使款项已在当期收付,也不应
当作为当期的收入和费用。

◈ 11. 农家乐会计核算的内容有哪些?

　　农家乐会计核算的内容(见图 1)主要有筹集
资金,供应过程(购买设备、购买材料),生产过程
(领用材料、支付工资、支付费用、核算成本),销售
过程(获取销售收入),上缴税金,分配利润,补偿
消耗。

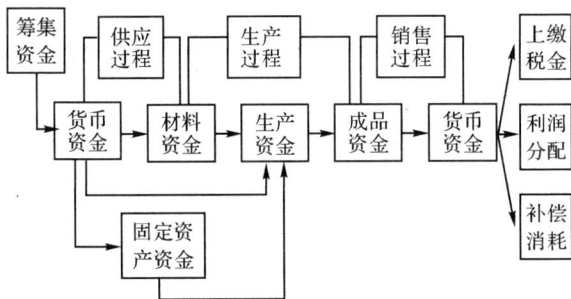

图 1　农家乐会计核算内容图

◈ 12. 农家乐使用的会计核算方法有哪些?

　　农家乐使用的会计核算方法有设置账户、复
式记账、填制和审核凭证、登记账簿、成本核算、财
产清查、编制会计报表(见图 2)。

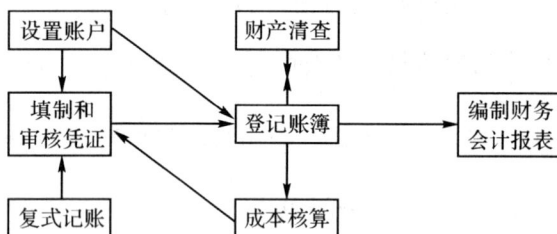

图 2　农家乐会计核算方法体系图

❖ 13. 农家乐常用的会计核算流程是什么?

农家乐常用的会计核算流程,也是记账凭证账务处理程序。会计根据原始凭证编制记账凭证,然后根据记账凭证及原始凭证登记明细账、日记账,再根据记账凭证登记总分类账,财产清查之后编制会计报表。(见图 3)

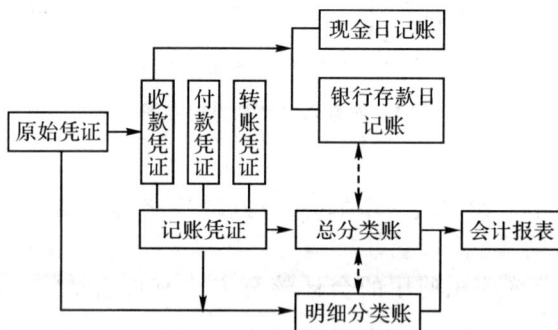

图 3　农家乐会计核算流程图

案例四

从原始票据开始的会计之旅

阿根从家具城采购回桌椅等办公、餐饮家具，然后拿着购物发票、货运发票到阿菊处报账。购物发票、货运发票是会计工作的源头，是记录经济活动的证据。凭发票可以到原购物商城退货、换货，发票也可以作为维修保养的证据。会计阿菊整理完各种发票，归类进行会计处理，还需填制记账凭据——会计凭证，根据记账凭证登记账簿。阿根拿回的是原始凭证，阿菊做的是会计专业人士填制的记账凭证。没有原始凭证，就无法编制记账凭证，也就无法登记账簿。

◈ 14. 农家乐可以使用哪些会计凭证？

会计凭证分为原始凭证与记账凭证两大类。原始凭证又称原始单据，是在经济业务发生时取得或填制的、用以证明经济业务的发生与完成情况、明确经济责任的书面证明，是进行会计核算的初始资料，也是记账的原始依据，如购货发票、领

料单、银行结算凭证等。记账凭证是根据审核无误的原始凭证或汇总原始凭证编制的,用来明确会计分录,作为记账依据的一种会计凭证。它是由会计人员填制的。这两类凭证农家乐日常财务核算都会用到。

✧ 15. 农家乐常用哪些原始凭证?

农家乐常用的原始凭证有:采购取得的发货票;银行收付款取得的各种结算凭证,如银行进账单、现金送存单、现金支票、转账支票;材料采购与领用的入库单、领料单;各类费用支付报销凭证。

✧ 16. 原始凭证填制的基本内容有哪些?

由于各类经济业务的内容和管理要求不同,原始凭证的名称、格式、内容是多种多样的。但是,所有的原始凭证,都应具备一些基本内容(见图4),这些内容主要有:

(1)原始凭证名称;

(2)填制凭证日期;

(3)填制凭证单位的名称或填制人的姓名;

(4)经办人的签名或盖章;

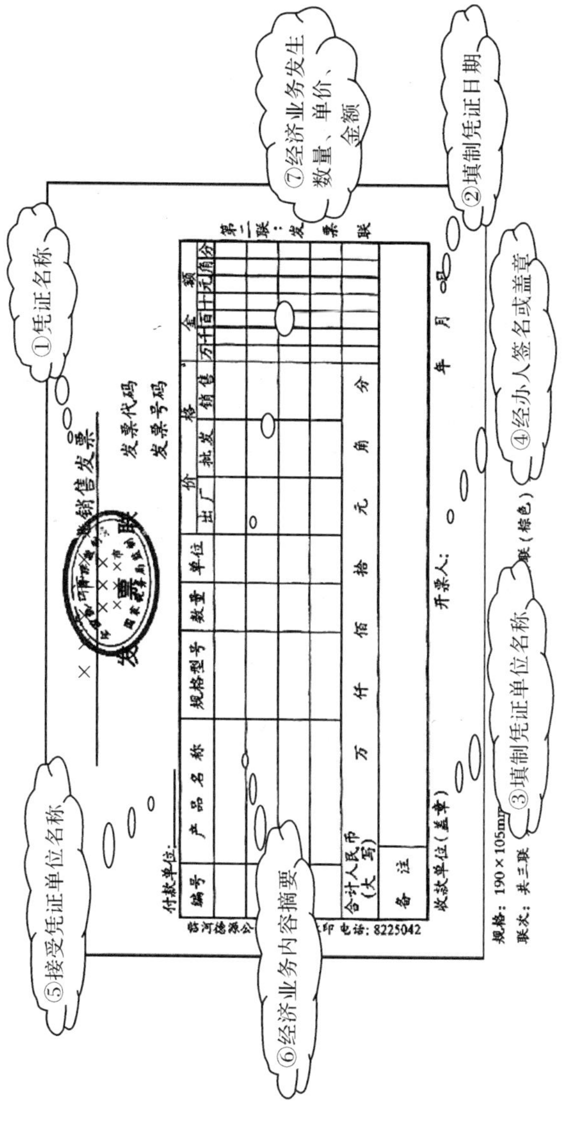

图4 原始凭证基本内容图

①凭证名称

②填制凭证日期

⑦经济业务发生价、数量、单价、金额

③填制凭证单位名称

④经办人签名或盖章

⑤接受凭证单位名称

⑥经济业务内容摘要

17

（5）接受凭证单位的名称；

（6）经济业务内容摘要；

（7）经济业务发生的数量、单价和金额。

✥ 17. 农家乐经营中会收到哪些发票？

农家乐在经营过程中经常会收到各种发票，例如：服务发票（见图 5）。为防止收到不合法、不合规的发票，有必要了解发票。

✥ 18. 农家乐经营中会遇到哪些银行结算凭证？

农家乐在经营过程中经常会遇到银行进账单（见图 6）、现金支票（见图 7）、转账支票（见图 8）等，需要对各类结算凭证进行了解。下面先提供进行支票填制要素的图示（见图 9），后提供一张银行支票票样图。当支票填写错误时，需要在支票上注明"作废"字样。

广 东 省 广 州 市 服 务 发 票

发票专用章

（国统字广州市监制）

（广东省广州市地方税务局监制）

4501－8260208

地 税 监

（295453—040199）

项　目	说　　　明	金　　　额
		万 千 百 十 元 角
		超 过 拾 万 元 无 效 合 计

第一联：存根

年　　月　　日填发

合计人民币（大写）　　万　仟　佰　拾　元　角　分

营业户名（盖章）及地址

收款人　　　　填票

图5 服务发票

顾客名称

地　　址

中国工商银行　进账单

年　月　日填送　　(回单)

<table>
<tr><td>全称</td><td colspan="17"></td><td rowspan="10">(银行盖章)</td></tr>
<tr><td>开户银行</td><td colspan="9"></td><td>账号</td><td colspan="7"></td></tr>
<tr><td>来源</td><td colspan="17"></td></tr>
<tr><td rowspan="2">人民币
(大写)</td><td colspan="9" rowspan="2"></td><td colspan="8">百十万千百十元角分</td></tr>
<tr><td colspan="8"></td></tr>
<tr><td rowspan="2">付款人
名称或地址</td><td colspan="8">金额</td><td rowspan="2">付款人
名称或地址</td><td colspan="8">金额</td></tr>
<tr><td>十</td><td>万</td><td>千</td><td>百</td><td>十</td><td>元</td><td>角</td><td>分</td><td>十</td><td>万</td><td>千</td><td>百</td><td>十</td><td>元</td><td>角</td><td>分</td></tr>
<tr><td></td><td></td><td></td><td></td><td></td><td></td><td></td><td></td><td></td><td></td><td></td><td></td><td></td><td></td><td></td><td></td><td></td><td></td></tr>
<tr><td></td><td></td><td></td><td></td><td></td><td></td><td></td><td></td><td></td><td></td><td></td><td></td><td></td><td></td><td></td><td></td><td></td><td></td></tr>
<tr><td></td><td></td><td></td><td></td><td></td><td></td><td></td><td></td><td></td><td></td><td></td><td></td><td></td><td></td><td></td><td></td><td></td><td></td></tr>
</table>

1.本行票据请与他行票据分开填写送款簿。2.现金与票据请分开填写送款簿。3.他行票据受妥作实。

图6　银行进账单

图7　现金支票

招商银行 转账支票（粤）

XVI02218504

出票日期（大写）：贰零零伍年 零壹月 零壹日

收款人：广州东润网络科技有限公司

付款行名称：天河支行

出票人账号：3602041709000552669

亿	千	百	十	万	千	百	十	元	角	分
			¥	3	8	8	8	0	0	

人民币（大写）：叁仟捌佰捌拾捌元无角无分整

用途：支付中国食通网会费

上列款项请从

我账户内支付

出票人签章

科目（借）………………

对方科目（贷）…………

转账日期 年 月 日

复核 记账

公司财务章

人名章

本支票付款期限十天

图 8 转账支票

图9　支票填制要素

❖ 19. 农家乐采购与领用材料常用哪些单据？

农家乐在经营过程中经常会采购材料、领用材料，因此，需要设计各类材料入库或出库的凭证，加强对材料的管理与核算。材料采购回来需要填制入库单（见图 10），领用材料需要填制领料单（见图 11），经常领用并且每次用量都基本相同的，可以填制限额领料单（见图 12）。

❖ 20. 农家乐常用的收付凭据有哪些？

农家乐常用的收付凭据有收据（见图 13）、费用支付凭据（见图 14），这些凭据是最基本的原始凭证，使用非常频繁。报销时，费用支出报销凭证需要进行严格审核，必须有相关负责人签字。

❖ 21. 农家乐的经营者收到各种原始凭证时需注意哪些问题？

农家乐的经营者收到各种原始凭证时，需注意审核原始凭证的真实性、合法性、合理性、正确性、完整性、及时性。只有进行严格的审核，才能确保会计资料的真实、准确、完整，发挥会计的监督作用；只有经过审核无误的原始凭证，才能作为记账凭证和登记账簿的依据。

入 库 单

仓 库:
供货单位:

第 号
年 月 日

名 称	规 格	单 位	数 量	单 价	金 额	备 注

负责人: 经手人:

图10 入库单

领料单位：
领料用途：

领　料　单

年　月　日

编号：

材料类别	材料编号	材料名称	材料规格	计量单位	请领数量	实发数量	单价	金额（元）	备注
		合计							
		合计							

负责人　　　　　　　领料人　　　　　　　发料人

图11　领料单

限　额　领　料　单

年　　　月

领料单位：　　　　　　　　　　　　　　　　　　　　凭证编号：
领料用途：　　　　　　　　　　　　　　　　　　　　发料仓库：

材料类别	材料编号	材料名称及规格	计量单位	领用限额	单价	金额	备注
		请领					
		领料单位负责人					
月	日	数量	数量	累计	实发 单价	发料人	领料人
							限额结余
累计实发金额（大写）					¥		元

供应部门负责人（签章）　　　生产计划部门负责人（签章）　　　仓库负责人（签章）

图12　限额领料单

第一联：存根

No. 0191750

收　据

年　月　日

今　收　到 ⋯⋯⋯⋯⋯⋯⋯⋯⋯⋯⋯⋯⋯⋯⋯

金额（大写）　　万　仟　佰　拾　元　角　分

合计

出纳　　　经手人　　　单位盖章

图13　收据

费用支出报销凭证

	年　　月　　日	付款方式：现金转账
（原始凭证粘贴处）	日期	
	原始凭证共计	张
	金额合计（小写：	元）
	（人民币大写金额）	
	费用项目	
	开支理由及用途：	

批准：　　　　　　会计：　　　　　出纳：　　　　　经手人：

图14　费用支付凭据

29

◈ 22. 农家乐需要什么样的记账凭证？

农家乐的经营规模一般不大，业务也不复杂，因此，可以使用通用的记账凭证。记账凭证是根据原始凭证编制的，用来明确会计分录。作为记账的一种专门会计凭证，记账凭证要求有以下基本内容（见图15）。

（1）记账凭证名称；

（2）填制记账凭证日期；

（3）记账凭证编号；

（4）经济业务内容摘要；

（5）经济业务所涉及的会计科目、金额及记账方法；

（6）所附原始凭证张数；

（7）有关责任人签字盖章。

◈ 23. 农家乐的会计凭证如何管理？

会计凭证应在记账后的一定时间里进行分类整理，按编号顺序，连同所附原始凭证，加具封面（见图16），装订成册，归档存查。

图15　记账凭证填制要素

①凭证名称　②填制日期　③凭证编号　④经济业务内容摘要　⑤会计科目、金额、记账方法　⑥附原始凭证张数　⑦有关责任人签字盖章

记 账 凭 证

2010 年 12 月 1 日

转字第　　号
附　件　　张

摘　要	总 账 科 目	明细科目	借 方 金 额 千百十万千百十元角分	记账符号	贷 方 金 额 千百十万千百十元角分	记账符号
赊销保温瓶	应收账款	信恒百货公司	6 6 9 0 0 0 0			
	主营业务收入				5 7 0 0 0 0 0	
	应交税金	应交增值税			9 6 9 0 0 0	
合　计			¥6 6 6 9 0 0 0 0 0		¥6 6 6 9 0 0 0 0 0	

会计主管　　　　记账　　　　出纳　　　　审核　　　　制证

凭 证 封 面

20×3 年　　月份

编号 _____

单 位 名 称	
凭 证 名 称	
册　　　数	第　　　　册共　　　册
起 讫 编 号	自第　　　号至第　　　号
起 讫 日 期	自20×3年　月　日至　月　日

主管 _____　　装订 _____

图16　会计凭证封面

案例五

从账户到报表——会计的产生流程

月底,阿菊把会计账簿拿给阿根看,阿根觉得很茫然,不知从哪里看起。随后阿根又拿起会计报表仔细看了看,但是还是不知账簿与报表之间的关系。阿菊解释道:打个比方,会计报表像产成品,各个账簿中的账户就是半成品,我们把各个账户上分类记录的成本、费用、存货、固定资产等按照账户的性质归类汇总,就可以编制成会计报表。我们的管理者每月查看会计报表,如果对会计报表上的数字有疑问,就沿着会计数字生成的流程反向追查,一环一环地核实,直到查到原始票据为止。

◇ 24. 农家乐需要设置哪些账簿?

根据经济业务的繁简不同,所设账簿的种类也不同。农家乐一般设置现金日记账(见图17)、银行存款日记账、总分类账(见图18)、固定资产明细账、材料明细账、应收账款明细账(见图19)、应付账款明细账等。日记账、总分类账一般采用订本式账簿,明细账采用活页账。

库 存 现 金 日 记 账

第 _1_ 页

2007年		凭证编号	摘要		对方科目	借方									贷方									借或贷	余额									核对号
月	日					千	百	十	万	千	百	十	元	角	分	千	百	十	万	千	百	十	元	角	分		千	百	十	万	千	百	十	元	角	分	
4	1		期初余额																						借			1	8	0	0	0	0		

图17 日记账

总　账

总页码		
本户页次		1

会计科目名称及其编号　应收账款

2007年		凭证编号	摘要	借方	贷方	借或贷	余额	核对号
月	日			千百十万千百十元角分	千百十万千百十元角分		千百十万千百十元角分	
4	1		期初余额			借	1600000.00	

图18　总分类账

35

应付账款明细账

明细科目：东风工厂

2007年		凭证号数	摘要	借方 千百十万千百十元角分	贷方 千百十万千百十元角分	借或贷	余额 千百十万千百十元角分
月	日						
4	1		期初余额			贷	540000

图19　三栏式明细账

◈ 25. 为何有总分类账还设明细分类账,为何单独设现金日记账与银行存款日记账?

总分类账可以总体反映农家乐的财务情况,明细分类账则可以详细反映农家乐的财务状况,是对总分类账的补充,总分类账与明细分类账平行登记,可以起到核对与控制的作用。现金与银行存款是流动性最强的资产,采用逐日逐笔登记的方式,可以维护农家乐货币资产的安全与完整。

◈ 26. 农家乐如何更换账簿?

在一个新的会计年度开始时,农家乐通常需要更换使用新的会计账簿,同时对旧的账簿加以妥善保管。

年终结账后,在新会计年度,总账、日记账和多数明细账应当更换新账。有些财产明细账和债权债务明细账,如材料明细账,由于材料品种、规格和往来单位较多,更换新账的工作量较大,可以跨年度使用,不必每年更换一次。此外,固定资产明细账也可以连续使用。

❖ 27. 农家乐如何保管账簿？

会计账簿是重要的经济档案，必须按规定妥善保管，不得丢失和任意销毁。年度更换新账后，需将所有活页账加具封面，装订成册，统一编号，与订本账一起归档管理。《会计档案管理办法》规定，现金、银行存款日记账应保管 25 年，其他账簿保管 15 年。

❖ 28. 农家乐会计如何对账？

对账就是定期对各种账簿记录进行核对，做到账证相符、账账相符、账实相符，以保证账簿记录的真实性和正确性。

农家乐对账就是：(1)账证核对。将原始凭证、记账凭证与账簿记录中对应的经济业务进行核对，以查明时间、内容、数量、金额、会计科目、记账方向是否一致。(2)账账核对。将总账与明细账、总账与日记账以及总账之间进行核对，以检查各方记录是否正确。(3)账实核对。将各项财产物资的账面余额与实有数额相核对。

✥ 29. 农家乐为何要进行财产清查？

为了保证会计核算资料的真实性,提供准确的会计信息,编制正确的会计报表;保护财产物资的安全、完整;提高资金使用效率,挖掘财产物资的潜力,加快资金周转;维护财经纪律,保证结算制度的执行,农家乐有必要定期进行财产清查。

✥ 30. 农家乐如果出现账实不符可能会是什么原因造成的？

(1)收发过程中,因计量、检验误差引起数量、质量上的差异。

(2)保管过程中发生的自然损耗。

(3)登记账簿过程中,发生的漏记、错记、重复记录或计算上的错误。

(4)银行结算上的未达账项。

(5)管理不善或工作人员失职而发生的财产物资残损、变质、短缺以及账目混乱造成的账实不符。

(6)由于不法分子的贪污盗窃、营私舞弊等非法行为造成的财产损失。

(7)因自然灾害导致的非常损失。

案例六

天书般的会计报表

会计报表是会计的直接产品，无论是申请贷款、会计事务所审计，还是税务局报税，都会出现财务报表的身影。那么会计报表到底说明了什么问题，资产负债表的资产指什么，负债又是什么，负债和所有者权益是否是一回事，利润表上的利润是否是可用资金，现金流量表里的现金流量是否是利润？这些问题常常困扰着不理解会计的阿根，阿根这位初出茅庐的老板，正在为天书般的会计报表头痛。

◈ 31. 农家乐需要编制哪些会计报表？

为总括反映农家乐的财务状况和经营情况，一般在月底会计需编制资产负债表、利润表、现金流量表等。

资产负债表是反映农家乐在某一特定日期财务状况的会计报表，它表明农家乐在某一特定日期所拥有或控制的经济资源，所承担的义务和所有者对其资产的要求权。

利润表是反映农家乐在一定时期经营成果的会计报表,它可以反映农家乐在该期间内实现的利润总额或发生的亏损总额。

现金流量表是反映农家乐一定时期内现金和现金等价物流入流出的会计报表,是以现金为基础编制的反映农家乐财务状况变动的会计报表。

案例七

资产负债表——农家乐状况的拍照存档

阿根对资产负债表为何分左右两列不解,问阿菊资产负债表不就是反映农家乐的总资产,为什么把负债和所有者权益也放进去? 阿菊解释道:这是会计的一个重要的核心的思想,就是资产＝负债＋所有者权益,被称为会计等式,所有的会计处理、账户登记、报表编制都以这个会计等式为中心。也就是所有的资产,不论流动资产还是固定资产,一定有一个来源,就是借入负债或者所有者投入。阿根仔细想想,农家乐的资产除了自己的投资,剩下的就是向银行借款了,除此之外真的没有其他方式了。

阿根又仔细观察了资产负债表,问有没有左

右不等的资产负债表？为何资产负债表的日期是×年×月×日(见表 1)，而利润表却是×年×月，没有某日？阿菊笑着说：不相等的资产负债表是不合格的报表，存在错误，谁要是连资产负债表都做不平，就不要做会计了。至于日期，这个跟会计报表的性质有关。农家乐的资产状况每天都在发生变化，比方说，你钱包里的钱每天都一样多吗？农家乐也是如此，在经营过程中资产状况一直在变化，那该如何反映？会计就需确定固定的一天，编制一张资产负债表反映这一天的财务状况。这就像一张照片，只反映了我们某一时刻的样子，我们一生从儿童到老年，不断在变化，当我们将一辈子的照片放在一起，就能看到我们一生的成长。如果我们把农家乐各个时点的资产负债表放在一起，就能看到农家乐的发展历程。

表 1　资产负债表

编制单位：　　　　　×年×月×日　　　　　单位:元

项　目	期末数	年初数	项　目	期末数	年初数
流动资产：			**流动负债：**		
货币资金			短期借款		
交易性金融资产			交易性金融负债		
应收票据			应付票据		

项　目	期末数	年初数	项　目	期末数	年初数
应收账款			应付账款		
预付账款			预收账款		
应收利息			应付职工薪酬		
应收股利			应交税费		
其他应收款			应付利息		
存货			应付股利		
其他流动资产			其他应付款		
非流动资产：			其他流动负债		
可供出售金融资产			**非流动负债：**		
持有至到期投资			长期借款		
长期应收款			应付债券		
长期股权投资			长期应付款		
投资性房地产			预计负债		
固定资产			递延所得税负债		
在建工程			其他非流动负债		
固定资产清理			**所有者权益：**		
生产性生物资产			实收资本		
无形资产			资本公积		
递延所得税资产			盈余公积		

续　表

项　　目	期末数	年初数	项　　目	期末数	年初数
其他非流动资产			未分配利润		
资产总计			负债及所有者权益总计		

✦ 32. 农家乐负责人、投资人为何要看资产负债表?

通过阅读资产负债表,可以了解农家乐所拥有或控制的经济资源及其分布,以及农家乐的生产经营规模、资金来源和构成,有助于分析和评价农家乐的财务状况和资本结构;可以了解农家乐资产和负债的数量关系及其流动性,有助于分析和评价农家乐的短期偿债能力、长期偿债能力和财务弹性;可以对不同时期的资产、负债和所有者权益各具体项目进行比较,便于了解农家乐财务状况,预测农家乐财务状况的发展趋势。

案例八

利润表——农家乐的实况录像

说到利润表(见表2),阿菊向阿根打了个比

方,利润表就像农家乐的一段录像,反映一定时期内的经营成果。阿菊接着说,利润表从上向下看,先是主营业务收入,扣除营业成本后就是主营业务利润,加上其他业务利润,再扣除营业费用、管理费用、财务费用,就得到营业利润;营业利润再加上投资收益和营业外收入,扣除营业外支出,就是利润总额;利润总额扣除所得税,剩下的就是净利润。阿根说,怪不得利润表只注明某月,不注明某日,原来收入、费用都是反映一段时期的,不可能只反映某一具体时点。

表2　利润表

编制单位:　　　　　　　　×年×月　　　　　　　　单位:元

项　　　目	本月数	本月累计数
一、营业收入		
减:营业成本		
营业税金及附加		
销售费用		
管理费用		
财务费用		
资产减值损失		
加:公允价值变动收益		
投资收益		

续 表

项 目	本月数	本月累计数
二、营业利润		
加:营业外收入		
减:营业外支出		
三、利润总额		
减:所得税		
四、净利润		
五、每股收益		

✿ 33. 农家乐负责人、投资人为何要看利润表?

通过利润表提供可以反映农家乐经营成果信息,并与不同时期的经营成果进行比较,还能分析农家乐的获利能力和补偿能力,预测未来的收益水平,便于投资者、债权人进行投资决策和信贷决策。利润表提供的信息,也是考核和评价农家乐经营管理者经营业绩和经营管理水平的一个重要依据。利润表提供的数据,还是税收部门课征所得税的依据。

案例九

现金流量表——农家乐的真金白银

阿根一直不明白农家乐有利润为何现金紧张？阿菊解释道：现金流量表与利润表最大的区别在于编制的方法不同，利润表基于权责发生制编制，现金流量表基于收付实现制编制。打个比方，权责发生制就是说这件东西应不应该是你的，如果应该是，现在不管是否收到，都登记在你的账上。而收付实现制是说，不管这件东西是不是你的，只要实际在你手上，那就登记在你的账上。

"应该是，实际在？"阿根已经糊涂了，"难道还有应该是我的东西不在自己手里，或者不是我的东西在我手里？"阿菊笑道：你不知道了吧！会计还是蛮有学问的。就像生活中你的衣服不一定穿在你身上，而你现在身上穿的是别人的衣服。阿菊把阿根的兴趣提了起来。阿菊接着说，举一个典型的情况，我们农家乐提供了服务，但是客户暂时没有付款，利润表是按应该标准编制的，这笔款项没有收到，在记入当期利润表时，也就没有现金流入。所以说，此时有利润形成，但没有现金流

入,现金吃紧。

阿根终于明白了,现金流量表反映的是一段时间中,农家乐现金进进出出的情况,不管这个钱的性质,只要进出农家乐就统统反映在现金流量表上。

❖ 34. 农家乐负责人、投资人为何要看现金流量表?

通过阅读现金流量表,可以了解农家乐偿还债务及支付其所得者的投资报酬能力,可以了解农家乐现金收支产生差异的原因,了解农家乐未来获得现金的能力;了解农家乐当期的现金与非现金投资和理财事项对农家乐财务的影响,可以提供不涉及现金收支的重大投资和筹资活动信息。

项目三
学会农家乐的会计科目

随着农家乐的发展，其会计核算急需规范，农家乐的会计必须按会计准则、会计制度规定的会计科目进行核算。

案例十

雾里看花之会计术语：流动、固定、折旧

阿根在会计报表中多次看到流动与固定等字眼，对会计兴趣渐浓的他有时也到网上查询。经过查询得知，"流动"、"固定"在会计中已经不是字面上的含义，而主要应从年限上来区分。流动资产是指可以在一年内变现或耗用的资产，比如货币资金、应收账款、存货等。流动负债是指在一年

内到期的债务,比如短期借款、应付账款、预收账款等。固定资产是指使用寿命超过一个会计年度的厂房、设备、机器等。长期负债是指偿还期在一个会计年度以上的债务,比如长期借款、应付债券等。阿根终于明白了流动、固定不是指金额大小,而是根据时间来定的。

阿根还想知道为何要分得这么细?阿菊告诉他,划分流动资产与固定资产,是因为在使用过程中它们的价值转移方式不同。流动资产使用后,价值一次发生转移,比如餐饮领用材料,材料价值一次计入菜肴成本。而固定资产由于可以使用多次,其价值采取多次转移方式分摊更合理,也就是通过折旧,比如农家乐餐厅的房屋、桌椅的价值就是采用折旧方式,来分次分摊价值。区分流动负债与长期负债,可以提前做好还债准备,保证农家乐资金不至于断流。

此时,阿根对上边提到的折旧又疑惑了。阿菊接着说,折旧其实反映的就是固定资产对产品的贡献。用会计的说法,折旧就是反映固定资产的损耗,折旧费就是固定资产价值的部分转移。一般说来,折旧到期,固定资产价值就全部贡献到产品中去。折旧费会减少会计赢利,但是不会减

少农家乐的真金白银——现金流。

　　学会了会计核算方法,还需掌握农家乐常用的会计科目,以便正确地进行会计处理。

◆ 35. "现金"会计科目如何核算?

　　现金——保险柜里的资产。现金是流动性最强的货币资金,可以随时购买物资,支付费用,偿还债务,也可以存入银行。农家乐使用现金时按国家规定的现金管理条例支付,库存现金不能超过规定的限额,也不能坐支现金,不能白条抵库。

　　发生现金收入,记入现金日记账增加方;发生现金支付,记入现金日记账减少方;每日结出现金余额,定期或不定期对现金采用实地盘点法进行清查。

◆ 36. "银行存款"会计科目如何核算?

　　银行存款——存折上的资产。银行存款是农家乐存入银行或其他金融机构的各种款项。银行存款账户分为基本存款账户、一般存款账户、临时存款账户、专用存款账户。农家乐一般只有基本存款账户,是办理日常结算和现金收付业务的账

户。如：工资、现金的支取。

银行存款收入来源多，也可以是销售收入取得，可以是收回客户欠款，也可以是从银行取得借款，均记入银行存款日记账增加方。银行存款支出情形也很多，如购买设备、购买原材料、偿还所欠货款、偿还银行借款，均记入银行存款日记账减少方。月末银行存款日记账与银行对账单进行逐笔核对，对账发现不符，通过编制银行存款余额调节表进行查找。

✧ 37. "应收账款"会计科目如何核算？

应收账款——一种看不见摸不着的资产。应收账款是农家乐由于销售商品、材料或提供服务等，应向购货单位或接受劳务单位收取的款项。应收账款账户的增加方登记实际发生的应收账款额，减少方登记收回的应收账款额及核销额，余额表示尚未收回的应收账款额。该账户按付款单位名称设明细账，进行明细分类核算。

✧ 38. 农家乐会出现坏账损失吗？

坏账损失是因无法收回的应收账款而造成的损失。财务制度规定，构成坏账损失的条件是：债

务人破产或死亡,其破产财产或遗产不足以清偿的部分应收账款;债务人虽未破产或死亡,但已预期未履行偿债义务超过三年仍然不能收回的应收账款。所以,农家乐只要有应收账款存在,就有可能存在坏账的风险。坏账损失采用备抵法核算,设置"坏账准备"账户,采用先计提的方式,发生坏账时再冲销。

❖ 39. "其他应收款"会计科目如何核算?

其他应收款——另一种看不见摸不着的资产。农家乐的其他应收款是单位内部有关部门占用的备用金,向有关方面应收的各种赔款、罚款,租出财产收到的保证金,向职工应收的水费、电费及福利方面垫付款等。其他应收款账户的增加方登记实际发生的其他应收款额,减少方登记收回的其他应收款额及核销额,余额表示尚未收回的其他应收款额。该账户按不同债务人设明细账,进行明细分类核算。

❖ 40. 农家乐是否使用"交易性金融资产"科目?

交易性金融资产是农家乐为了近期内出售而

持有的金融资产。其目的是利用自身经营过程中暂时闲置资金谋取一定收益的行为。主要是购买债券、股票或从事其他投资，取得高于同期银行存款利息的收益，在农家乐需要资金时又能及时收回。核算时应当按照交易性金融资产的类别和品种，分别按成本和公允价值变动进行明细核算。

◈ 41. 农家乐存货如何核算？

存货——一种流动着的资产。农家乐在日常活动中持有以备出售的产品或商品，处在生产过程中或提供劳务过程中消耗的材料和物料等都是存货。其包括：原材料、燃料、物料用品、库存商品等，在会计核算时需要分别设置"原材料"、"燃料"、"物料用品"、"库存商品"等会计科目。存货各账户的增加方登记采购入库的各类存货金额，减少方登记领用发出的各类存货金额，余额表示库存各类存货的金额。各账户按不同品种、规格设明细账，进行明细分类核算。

由于存货具有较强的流动性，属于流动资产，因此，它们在购入、领用、清查等管理方面具有共性。

❖ 42. 农家乐原材料的购货交接方式有哪些?

(1)送货制。送货制是购销双方在签订进货合同后,供货单位按照合同规定的时间和发货数量将商品、物资送到农家乐的仓库或其他指定地点的一种存货交接方式。这种方式货款的结算时间需由交易双方协商确定,可以在送货之前进行结算,也可以在送货之后结算。因送货发生的运输费用、途中商品损耗等一般由供货方承担。

(2)提货制。提货制是购销双方在签订进货合同后,由农家乐到供货单位指定的仓库或其他指定地点提取存货的一种存货交接方式。这种方式一般是先结算货款,后提取商品、物资。提货时发生的运输费用、途中商品损耗等一般由农家乐承担。

(3)发货制。发货制是购销双方在签订进货合同后,由供货单位按照合同规定所购存货的品种、数量、发货时间及运输方式,委托运输部门将农家乐所购商品、物资发运到农家乐所在地或指定的码头、车站的一种存货交接方式。这种方式供货方通常在商品发运后,委托银行收取货款。在办理商品发运手续之前所发生的运输费用、商

品损耗等,一般由供货单位承担。商品交运输部门发生的运输费用,通常由供货方先垫付,由购货单位负担。在运输过程中如发生商品损耗或损失,查明原因,按照合同规定明确责任归属,由责任人承担。异地进货通常采用这种交接方式。

✧ 43. 农家乐材料采购成本如何计算?

农家乐外购材料的实际成本由买价、运杂费、按规定应计入成本的税金及采购保管费组成。买价是扣除商业折扣和现金折扣后实际支付的货款。运杂费包括包装、运输、装卸、保险、挑选整理及合理运输损耗等费用。税金是计入成本的相关税费,如增值税、消费税、关税。采购保管费包括采购保管人员工资、办公费、劳动保护费、检验实验费、材料盘亏及毁损等。

✧ 44. 农家乐材料领用成本如何计算?

材料因采购时间、地点不同及其他原因,其品种、规格、数量相同,但实际成本不一定相同。因此,农家乐领用材料需要确定材料的价值,采用先进先出法、加权平均法、个别计价法。

先进先出法是假定材料的收发顺序采取先收

入的材料先发出,按收到材料的先后顺序及它们的实际成本确定各批领用材料的实际成本。这种方法是根据最近的进货成本计价的,因而期末材料价值接近实际。

加权平均法是以期初材料数量和本期各批收入材料的数量为权数,计算出材料的加权平均单位成本,据此对材料进行计价的方法。这种方法对本月发出材料按同一单价计价,在月末时才计算发出材料和结存材料实际成本,日常核算工作量小。

个别计价法是对每次领用或发出的原材料进行个别辨认,看属于哪一批或哪几批收入,然后分别按照所属各批收入的实际成本确定每次领用或发出存货的实际成本的方法。这种方法使得材料的成本流动与实物流动完全一致,能正确计算发出材料与结存材料的实际成本。

◈ 45. 农家乐的材料如何清查?

农家乐的材料除根据有关收发凭证及时记录材料的增减变化外,需要定期对材料进行清查(见表3),每年应至少盘点一次。通过盘点可以查明材料的实存数,确定账实差异及产生差异的原因,

可以发现材料管理中存在的问题。农家乐材料清查的实际操作过程是：先将材料明细账登记齐全，然后根据各种材料的特点，采用点数、过磅、丈量等方法确定材料的实存数量，再进行核对，查明账实不符原因，最后编制材料盘点报告表，上报相关部门批准。

表3　存货清查盘点表

编号	材料名称规格	计量单位	单价	数量		盘盈		盘亏		盈亏原因	备注
				实存	账存	数量	金额	数量	金额		

◇ 46. 农家乐有哪些固定资产？

农家乐的固定资产是使用期限在一年以上，能为企业带来经济效益的，不改变实物形态的，为生产经营而持有的房屋及建筑物、机器设备、运输设备、工具器具等。农家乐通过设置"固定资产"账户来核算固定资产原始价值的增减变化。

✿ 47. 农家乐的固定资产如何计价?

农家乐的固定资产一般都以原始价值计价,以购置或建造某项固定资产达到预定可使用状态前所发生的一切合理、必要的支出。它是固定资产的基本计价基础,特点是具有客观性和可验证性。但是,为了反映农家乐固定资产的实有价值,将其与原始价值比较,以了解固定资产的新旧程度,妥善安排固定资产更新。农家乐的固定资产还使用固定资产净值又叫账面净值,即固定资产的原始价值减累计已提折旧后的余额,也就是固定资产尚未磨损部分的价值。

✿ 48. 农家乐的固定资产如何分摊其价值?

农家乐固定资产的价值是通过提取折旧的方式分摊的。固定资产折旧是在固定资产使用寿命内,按照确定的方法对固定资产原值扣除其预计残值后的余额进行分摊的数额。固定资产折旧实际上是反映固定资产因损耗而转移的价值。农家乐通过设置"累计折旧"账户来核算固定资产累计已提折旧额。

农家乐适用的折旧方法有平均年限法、工作

量法、双倍余额递减法。

平均年限法是按固定资产使用的年限平均计算折旧的方法。采用这种方法使固定资产的磨损价值均匀地分摊到预计使用年限的各个会计期间。这是农家乐常用的方法。

工作量法是按固定资产预计完成的工作量平均计提折旧的方法。采用这种方法可以把固定资产的应计提折旧总额均匀分摊于预计的各个单位工作量之中。

双倍余额递减法是根据每期期初固定资产账面余额和双倍的直线折旧率计算固定资产折旧的一种方法。采用这种方法早期多计提折旧额,后期少计提折旧额。

案例十一

负债是一只不羁的狼

一笔银行贷款,有时可以帮助农家乐渡过难关,是"救世主",有时又成了农家乐破产倒闭的"刽子手"。初次经营农家乐,负债让阿根又爱又恨,不知道该不该负债,负债会给农家乐带来多少利润,负债多少才合适,负债又有哪些风险?这些

问题让阿根百思不解。为此,阿根和阿菊商量:咱们经营要不要向银行借款? 阿菊回答:无债一身轻,当然好。不过,当我们自己资金不够的时候,遇到商机,还是要向银行借点钱的。阿菊接着说,负债可以给农家乐提供足够的资金,用来扩大经营规模,赚取更多的钱,也就是常说的借鸡生蛋。另外,负债的利息是在缴纳所得税前扣除的,可以减少应纳税的利润,从而减少所得税。但是,负债也是一只狼,如果没有足够的现金流清偿到期债务,农家乐的灭顶之灾就来了。如果扩大经营后每月收入不佳,利息却要固定支付,农家乐的利益就会受损。总之,负债就是一只不羁的狼。

✧ 49. 农家乐会计核算时经常会遇到哪些负债会计科目?

农家乐会计核算时经常会遇到"短期借款、应付票据、应付账款、预收账款、应付职工薪酬、其他应付款、应交税费、长期借款、长期应付款"等负债科目。

"短期借款"是农家乐为了满足正常生产经营的需要而向银行或金融机构借入期限在一年以下的各种款项。

"应付票据"是农家乐采用商业汇票结算款项时,购买商品或接受劳务方签发、承兑商业汇票后形成的债务责任。

"应付账款"是农家乐因购买材料物资和接受劳务供应等应付给供应单位的款项。

"预收账款"是农家乐按照合同规定向客户预收的款项。

"其他应付款"是除应付票据、应付账款、应付职工薪酬等外还会发生的一些应付、暂收其他单位或个人的款项。

"应付职工薪酬"是农家乐根据有关规定应付给职工的各种薪酬,包括货币性职工薪酬和非货币性职工薪酬。在职工薪酬未支付前,农家乐暂时欠职工工资的。

"应交税费"是农家乐在一定时期内取得的营业收入、实现的利润以及从事其他应税项目按规定缴纳的各种税金。在各种税金未缴纳前,农家乐暂时欠国家的税金。

"长期借款"是农家乐向金融机构借入的偿还期在一年以上的债务。

"长期应付款"是融资租入固定资产的租赁费、以分期付款方式购入固定资产等发生的应付

款项。

◇ 50. 农家乐的注册资本如何核算？

注册资本是农家乐办理设立登记手续时，经工商行政管理部门认证和批准的资本数额。我国实行注册资本与实收资本一致的规定。核算时设置"实收资本"账户。实收资本是投资者按照农家乐章程或合同、协议的约定，实际投入农家乐的资本。它是农家乐法定资本的资金来源，无需偿还，可以长期周转使用。按投资主体不同，分国家资本、法人资本、个人资本、外商资本。按接受投资的形式可以是货币资金、实物资金、无形资产。

◇ 51. 何谓农家乐的资本公积？

农家乐的资本公积主要是投资者超额缴入的资本形成。资本公积是农家乐收到的超出其在企业注册资本中所占份额的投资，以及直接记入所有者权益的利得和损失，如资本溢价等。

◇ 52. 资本公积与实收资本有何不同？

资本公积与实收资本都是投入资本，但是，实收资本来自所有者对农家乐资本的投入，其目的

是为谋取一定的投资回报,除规定的增资或减资外,实收资本金额相对不变。而资本公积具有特定的来源,有时不需要所有者实际投入(如直接记入所有者权益的利得和损失),形成资本公积时,原投入者并不谋求投资回报。

✦ 53. 何谓农家乐的盈余公积?

盈余公积是农家乐按照规定从净利润中提取的各种积累资金,是指定用途的留存收益。盈余公积包括法定盈余公积和任意盈余公积。

法定盈余公积是根据国家法律规定,必须从净利润中提取的公积金。通过提取法定公积金,可以约束农家乐过度分配利润,增强农家乐的实力,减轻农家乐的经营风险。

任意盈余公积是股份制农家乐经股东大会或类似机构批准,按照一定比例从净利润中再提取的公积金。

✦ 54. 法定盈余公积与任意盈余公积有何不同?

法定盈余公积的计提是按国家有关法律、法规进行的,计提标准符合国家有关规定,即按净利润 10% 提取。任意盈余公积是否计提、计提多少,

完全取决于农家乐股东大会的决定。

◆ 55. 农家乐的盈余公积主要用途是什么？

　　用途一：弥补亏损。根据企业会计制度和有关法规的规定，企业发生亏损，可以用发生亏损后 5 年内实现的税前利润来弥补，当发生的亏损在 5 年内仍不足弥补的，应使用随后实现的所得税后利润弥补。当发生的亏损用所得税后利润仍不足弥补的，可以用所提取的盈余公积加以弥补，但得经股东大会批准。

　　用途二：转增资本。农家乐可以将盈余公积转增资本，但是必须经股东大会或类似机构同意，也可以用盈余公积分配现金利润或股利。

◆ 56. 何谓农家乐的未分配利润？

　　未分配利润是农家乐留待以后年度进行分配的留存收益，是农家乐实现的净利润或亏损在经过一系列分配后的结余部分，在使用分配上具有较大的自主权。会计核算须设置"利润分配"账户。

案例十二

捉摸不定的会计收入

赢利往往是老板最关心的问题,阿根也不例外,每月会计报表上的收入,总是让他牵肠挂肚。本月阿根看到会计报表后产生了困惑,在阿根印象中,本月签订了好几笔合同,收入的数额远不止利润表上的数据,是不是会计阿菊做账搞错了?阿根去问阿菊,阿菊答复,她全部是按会计规定处理的。于是她一笔一笔地对账给阿根看,结果发现一笔合同签订,预付款也打进账户的业务,但是,阿菊记入预收账款,没有列入当期收入。阿根责问阿菊为何不记入本月收入,阿菊告诉阿根:像这种预收货款,会计准则规定,只有在提供产品或提供服务后才记入收入,这就是先前所说的权责发生制中应该是与不应该是的收入,这里是不应该作为当期的收入。

◇ 57. 何谓农家乐的收入?

收入是农家乐在日常活动中形成的、会导致所有者权益增加的、与所有者投入资本无关的经

济利益总流入。如:客房收入、餐饮收入、销售商品收入、其他收入等。会计核算须设置"主营业务收入"账户,下边按收入的种类进行明细核算。

✧ 58. 农家乐的收款方式有哪些?

(1)应收制。客人先消费,后付款。采用这种方式,每日根据服务台编制的"营业日报表",记入营业收入的同时形成应收账款,待客户结算时核销应收账款。

(2)预收制。为客人提供服务前,根据拟提供的劳务量预收部分服务费,会计按预收金额和银行进账回单先处理;待结算劳务收入时核销预收账款并作营业收入处理。

(3)现收制。指向客人提供服务的同时收取服务费,以实际收到的现款作营业收入处理。

项目四
掌握农家乐的成本核算方法

农家乐投资者最关心的就是何时能收回投资成本,何时开始盈利。这就必须做好日常核算工作,特别是要按照权责发生制原则,正确地确认收入与核算成本。

 **案例十三**

雾里看花之会计术语:成本、费用

阿根看过利润表后,对营业成本、销售费用产生疑惑,成本不就是费用吗? 为何还要分成几部分,这不是自找麻烦吗? 后来阿根上网查询,知道成本强调的是与产品直接相关的费用,即凡是与产品直接挂钩的,都记入成本,主要包括直接材

料、直接人工、生产费用。而费用是指不与产品直接挂钩的支出,也就是销售费用、管理费用、财务费用,一般直接冲减当期利润,不再分摊到产品成本上。

成本通俗地讲,就是通常所说的"本钱",是为达到特定目标而发生的资源消耗。农家乐管理的核心内容是成本管理。成本的高低是衡量农家乐在市场上的竞争能力与获利能力的主要因素,因此进行成本核算、成本效益分析,选择投入低、产出高的方案,可以使农家乐获得最佳经济效益。

❖ 59. 农家乐成本核算的内容有哪些?

由于农家乐是集生产、流通、服务多种职能为一体的综合性经济组织,其经营以服务为中心,辅之以生产、流通,因此成本核算时根据各农家乐的服务特征,选取不同的内容,采用不同的方法。农家乐成本一般包括以下内容。

(1)材料成本。农家乐直接耗用的原材料、调料、配料、辅料、燃料等直接材料,包括餐饮部耗用的食品和饮料的原材料、调料、配料成本,餐馆、浴室耗用的燃料成本,饭店洗衣房、洗染店、照相馆、

修理店耗用的原材料、辅料成本。

(2)商品进价成本。商品进价成本分为国内购进商品进价成本和国外购进商品进价成本。国内商品进价成本是购进商品原价。国外购进商品进价成本是商品在购进中发生的实际成本,包括进价、进口环节的税金、调进外汇差价、支付委托外贸部门代理进口的手续费等。

(3)汽车成本。汽车成本指农家乐车辆在服务营运过程中所发生的直接费用,即出租汽车经营中所产生的实际成本,包括司机工资、燃料费、材料费、轮胎费、折旧费、维修费、养路费、低值易耗品摊销、制服费和其他直接费用等。

(4)其他成本。不能计入以上内容的其他营业项目所支付的直接成本。

◈ 60. 农家乐成本核算有何特点?

农家乐成本核算具有以下特点:

(1)成本核算内容多样。农家乐经营的项目多,有客房服务业务,也有商品经销业务,还有餐饮、养殖、种植等生产服务性业务。对生产服务性业务,在成本费用核算上需要归集成本费用;对商品经营项目需要核算经营成本;对客房服务则主

要是核算经营费用和管理费用。

（2）成本核算对象特殊。农家乐属服务性企业，成本核算的主要对象是商品经销和各类服务过程。因此，农家乐的营业成本和费用核算有其自身的特点。

（3）成本核算方法相对简单。农家乐的成本项目和费用主要是按营业成本和营业费用划分的。管理费用和财务费用作为当期费用单独核算，从每期的营业收入中直接扣除。

案例十四

痛苦的抉择——"亏本"生意做不做

阿根近来餐饮生意比较淡，昨天有一家公司来与阿根洽谈，要求在他的农家乐招待客人，每桌菜肴 500 元。按以往标准，这桌菜肴成本价都要 600 元，这单亏本的生意要不要做，阿根吃不准。晚上阿根问阿菊，阿菊告诉他可以接单。原来，菜肴成本分变动成本与固定成本，只要这桌菜肴的定价高于变动成本，就可以接单，固定成本能收回多少是多少，虽然亏本，但是比不接单亏得少。

表 4　菜肴成本明细表

原材料	350 元	
人工费	100 元	
变动成本		450 元
固定资产折旧费	150 元	
固定成本		150 元
总成本		600 元

　　看完这张成本明细表（见表 4），阿根明白了，500 元的价格可以弥补 450 元的变动成本，至于 150 元的折旧费可以弥补 50 元，总比一点都不弥补好。实际上，不接单农家乐本月亏损 150 元；接单后本月亏损 100 元，还少亏损 50 元。

❖ 61. 农家乐饮食业营业成本该如何核算？

　　农家乐饮食业产品成本，一般按各种饮食产品所耗用原材料的成本每月计算一次。如果本月领用的原材料厨房全部用完，则该月领用的原材料金额，即为本月全部产品成本；月末如果原材料或半成品结存，则采用以存计耗法倒求成本。

　　饮食业产品生产组织有成批生产和单件生产两种类型，其对应的单位成本计算方法有以下两种。

（1）先总后分法。先确定每批产品的总成本，然后计算出每一单位产品平均成本。这种方法适应于成批组织生产并且单位质量完全相同的产品，如卤制品、主食点心等。

单位产品成本＝该批产品所耗原材料总成本/产品数量

（2）先分后总法。先确定单位产品中所耗用的各种原材料成本，然后逐一相加计算单位产品的总成本。这种方法适用于每一产品用料和规格质量不同的单件产品成本的计算，如炒荤菜等。

单位产品成本＝单位产品所用原材料成本＋单位成本所用调料成本＋单位产品所用配料成本

而农家乐饮食业职工的薪酬计入营业费用，房屋、设备的折旧费用计入营业费用。

❖ 62. 农家乐种植、养殖业成本核算有何特点？

（1）以主要产品为成本计算对象。本着"区别主次、突出重点、主要从细、次要从简"的原则，对种植、养殖业的主要产品，以产品为成本计算对象，单独核算其成本；对于次要产品，以产品类别为成本计算对象，分别按类核算其成本。如果有的产品需要按批次计算生产成本，也可以产品批

别为成本计算对象;有的需要按生产步骤计算生产成本,也可按生产步骤为成本计算对象。

(2)各种产品的成本计算期受自然再生产过程的制约。由于种植、养殖业的生产都受各自生产周期的影响,各种产品的收获时间是不同的,因而成本计算期也不可能完全一致,受到自然再生产过程的制约。对于经常有产成品产出的农家乐,应按月计算产品成本;对于一年只收获一次或几次的产品,应在产品收获月份计算产品的实际成本。

(3)不同产品有不同的在产品计价问题。进行种植、养殖的农家乐的各种产品由于生长周期不同,它们的成本计算期也不相同。当成本计算期与生产周期一致时,就不需要将生产费用在产成品与在产品之间进行分配。如大田作物的产品生产计算期一般与产品的生产周期一致,要在产品收获月份计算产品生产成本。当成本计算期是定期的且与生产周期不一致时,就需要将生产费用在产成品和在产品之间进行分配。

✵ 63. 农家乐种植、养殖业成本核算的内容有哪些?

农家乐种植、养殖业生产成本是为生产产品和提供劳务时所发生的各项生产费用,主要包括产品所耗费的种子、饲料、化肥、农药、燃料、生产工人工资、农机具的折旧以及因管理生产和为生产服务而发生的各种费用。按费用计入产品成本的方法,分为直接成本和间接成本两种。

(1)直接成本。直接成本是为生产产品所发生的能直接计入有关成本计算对象的各项成本。包括直接材料、直接人工和其他直接支出。

①直接材料。直接材料是农家乐在生产经营过程中实际消耗的原材料、农用材料、辅助材料、种苗、种子、饲料、肥料、备品配件、外购半成品、燃料、动力以及其他直接材料。

②直接人工。直接人工是农家乐直接从事生产经营人员的工资、奖金、津贴、补贴及其他形式的职工薪酬。

③其他直接支出。其他直接支出是不属于以上各项的直接成本,包括直接从事生产经营的机械作业费、灌溉费、禽畜医药费、禽畜折旧费等。

（2）间接成本。间接成本是农家乐的各个生产经营单位（如生产组）为组织和管理生产所发生的各项费用。间接成本包括农家乐管理人员的薪酬，农家乐的折旧费、租赁费、修理费、机物料消耗、低值易耗品摊销、取暖费、办公费、水电费、运输费、保险费、差旅费、劳动保护费、试验检验费以及其他间接费用。

✿ 64. 农家乐种植业成本该如何核算？

种植业是从事农作物栽培而获得各种农作物产品的物质生产部门。种植业包括粮食作物、经济作物、饲料作物、蔬菜作物等农业生产，以及橡胶、果树、茶树等林业生产。

根据农作物产品的生产特点和成本管理方面的要求，小麦、水稻、大豆、玉米、棉花、糖料、烟叶等主要农作物产品，应以其产品的品种作为成本计算对象，单独核算其产品生产成本；其他农作物产品可以产品类别作为成本计算对象，合并核算其产品生产成本。

种植业产品生产具有季节性强、生产周期长、经济再生产与自然再生产相交织的特点，因此，其成本计算期应与生产周期一致，在产品产出的月

份计算成本。

种植业发生的各种费用通过"农业生产成本"账户核算，为了便于归集种植业产品的生产成本，可在"农业生产成本"账户下设置"种植业生产成本"二级账户，并按成本计算对象设置明细账。明细账中一般设置直接材料、直接人工、分摊费用三个成本项目。

种植业生产中耗用的农用材料、职工薪酬及其他直接费用，直接计入"农业生产成本"账户。发生的间接费用，先在"分摊费用"中归集，期末再按一定的标准分配计入"农业生产成本"账户。

✿ 65. 当年生大田作物的成本该如何核算？

当年生大田作物是指生长期不超过一年的农作物，一般是当年播种、当年收获。对于当年生大田作物需要计算其生产总成本、单位面积成本和单位产量成本。计算方法一般采用品种法，以主要产品品种为成本计算对象，并按其设置生产成本明细账户，汇集各项目生产费用，但是产品生产成本的计算要在产品产出月份进行，成本计算期与生产周期相一致。

大田作物的生产总成本，就是该种大田作物

在生产过程中发生的生产费用总额,应当按其在收获前发生的材料费、人工费、其他直接费和应分摊的间接费用来确定。

大田作物的单位面积成本,是指种植某大田农作物平均每单位播种面积所支出的成本。

大田作物的单位产量成本,是指种植某大田农作物平均每单位产量所支出的成本。

✤ 66. 多年生作物的成本该如何核算?

多年生作物是指人参、甘蔗、剑麻、啤酒花等作物,其特点是生产周期较长。多年生作物又可以分为一次收获和多次收获两种情况。

一次收获的多年生作物,如人参等,是连续培育几年,一次收获产品。应按生长期内各年累计的生产费用计算成本,其成本计算方法可以采用品种法或分批法,生产期内各年累计的生产费用即为总成本。总成本扣除副产品成本,即为农作物主产品成本。公式如下:

一次性收获的多年生作物主产品成本=往年费用+本年截止收获月份累计费用-副产品成本

多次收获的多年生作物,如甘蔗、剑麻、胡椒等,是年年培育、年年获得产品,在未提供产品以

前费用的情况下,视同长期待摊费用处理。投产后按计划总产量与每年产量的比例,摊入投产后各年产出产品的成本。投产后各年发生的生产费用,由当年产出的产品负担,其成本计算方法亦可采用分批法或品种法。公式如下:

多次收获的多年生作物主产品成本＝往年费用本年摊销额＋本年费用－副产品成本

✥ 67. 蔬菜的成本该如何核算?

按照栽培方式,蔬菜有露天栽培和保护地栽培两种情况。

对大宗的和主要的露天栽培蔬菜,应按每种蔬菜设置明细账户,单独核算每种蔬菜的生产成本,其费用汇集、成本计算指标和计算方法与大田作物相同。对于小量的和次要的露天栽培蔬菜,可采用分类法计算其生产成本,即按蔬菜类别设置明细账户,先计算每类蔬菜的总成本,再采用一定的方法计算类内每种蔬菜的总成本和单位产量成本。

保护地栽培蔬菜,是利用温床和温室进行蔬菜栽培。一般是先用温床育苗,然后移栽至温室。这样蔬菜作物的总成本,包括直接计入蔬菜成本

的费用、需要分配的温床和温室费用、其他间接费用。其中,直接计入蔬菜生产成本的费用,是指耗用的种子、肥料、农药、生产人员薪酬等;需要分配的温床和温室费用,是指温床、温室的发热材料费、燃料费、供水费、管理温床和温室的折旧修理费等;其他间接费用是指保护地栽培蔬菜应负担的制造费用等。温床和温室的费用,如果能明确划分某种蔬菜费用的,就直接计入某种蔬菜的成本;不能明确划分的,应按照各种蔬菜占用的温床格子日数或室温平方米日数,分配计入各种蔬菜的生产成本。

✿ 68. 农家乐养殖业成本该如何核算?

养殖业也是农家乐的一个重要部分,包括养猪、养牛、养禽等畜牧业生产以及水生动物和植物的育苗、养殖等渔业生产。以畜牧业为例说明养殖业的成本核算方法。

畜牧业生产成本计算对象是由畜牧业采用分群核算制还是混群核算制决定的。按照现行制度要求,凡有条件的畜牧业生产单位,原则上都要实行分群饲养管理、分群核算成本;条件不具备的可按禽畜类别,混群饲养管理、混群核算成本。所谓

分群核算制,是将各种禽畜按照其畜龄不同划分为若干群别,分别以不同禽畜的不同群别作为成本计算对象,按群别设置畜牧业生产明细账,汇集生产费用,采用分步法计算各群别产品的生产总成本及单位成本。所谓混群核算制,是直接以各种禽畜种类作为成本计算对象,畜牧业生产明细账按禽畜种类设置,采用品种法计算各种禽畜产品的生产成本及单位成本。

畜牧业生产发生的各项生产费用在"农业生产成本"账户核算,为了便于汇集畜牧业及各个成本计算对象的各项费用,计算畜牧业产品的生产成本,可在"农业生产成本"账户下设置"畜牧业生产成本"二级账户,并按成本计算对象设置明细账户。明细账内按直接材料、直接人工、分摊费用等项目设置专栏。发生或通过分配转来的各项费用,计入"农业生产成本—畜牧业生产成本"账户及其所属有关明细账户的借方。成本明细账的格式与种植业生产成本核算要求相同。

如果按照畜牧业生产过程的不同阶段划分群别,采用分步法计算生产成本,则畜牧群别的划分要以饲料管理的要求为基础,同时考虑简化核算工作的需要。

项目五
了解农家乐的税金与利润

赢利是经营者的最终目标,保本是经营者的最低目标。怎样才能扩大赢利? 销量、成本、利润这三项指标有着千丝万缕的联系,常常引起经营者的思考。

案例十五

千变万化的本、量、利

近期阿根的农家乐推出新产品,但是就如何定价,销量目标、利润目标到底应该定多少,阿根心里没底,让阿菊帮助测算。阿菊从管理会计书中找到一个模型来说明成本、销量、利润之间的关系(见图20)。

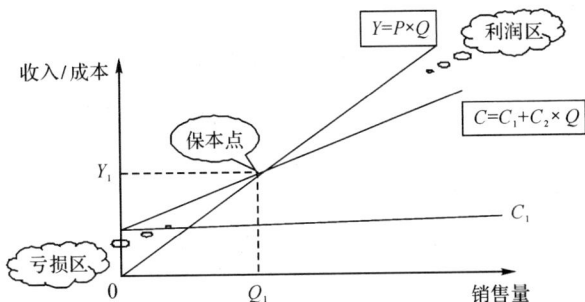

图 20　成本、销量、利润关系

$Y=P\times Q$（营业收入＝销售单价×销售数量）

$C=C_1+C_2\times Q$（营业成本＝固定成本＋变动成本×销售数量）

通过上述公式得出：营业收入＞营业成本，就有利润，即图中利润区。

反之：营业收入＜营业成本，就是亏损，即图中亏损区。

上图所示收入线与成本线相交点是保本点，也叫盈亏临界点，因此，农家乐的最低定价与最低销售数量也就能够确定。通过分析，可以采取以下措施，提高农家乐的赢利水平。

（1）提高产品销售价格，提高赢利水平；

（2）降低固定成本水平，也能提高赢利水平；

（3）降低变动成本水平，还能提高赢利水平。

农家乐经营过程中不可避免会遇到税收问题,采取多种合理方法,为农家乐进行税务筹划,才能使农家乐效益最佳化。

✦ 69. 农家乐需要进行纳税筹划吗?

税收筹划是纳税人在熟知相关税收法规的基础上,在符合税法、不违反税法的前提下,通过对筹资活动、投资活动、经营活动等的巧妙安排,达到规避或减轻税负的行为。农家乐从自身经济利益最大化出发,进行税收筹划也是必然的。

✦ 70. 农家乐该缴纳营业税税金吗?

营业税是农家乐经营过程中需要缴纳的一种税金。营业税是提供劳务、转让无形资产或销售不动产的单位和个人征收的一种税。营业税应按营业额和规定的税率计算应纳税额,即:应纳营业税额＝营业额×税率。

✦ 71. 农家乐该缴纳增值税税金吗?

农家乐一般不需要缴纳增值税。在经济业务发生过程中,会遇到增值税发票,需要了解增值税

相关知识。增值税是对纳税人在生产、经营或劳务活动中所创造的新增价值按规定的税率计算应纳税额。农家乐在采购物品时会收到增值税发票,增值税发票有专用发票与普通发票。增值税专用发票是价税分开填列的,增值税普通发票是价税合计在一起的,增值税额将同物品的购进价一起计入采购成本。

❖ 72. 农家乐还会遇到哪些税金?

农家乐经营过程中还会遇到城市维护建设税、房产税、土地使用税、车船使用税。

城市维护建设税是以增值税、消费税、营业税为计税依据,按规定税率计算缴纳。一般市区税率为 7%,县城税率为 5%,县城以下税率为 1%。

房产税是对在城市、县城的房产按房产原值一次减除 10%—20% 后的余额计算缴纳的;没有房产原值作为依据的,有税务机关参照同类房产核定,征税率为 1.2%;房产出租的,以房产租金收入为计税依据,征税率为 12%。

土地使用税是以纳税人实际占用的土地面积为计税依据,依照规定税额计税征收的一种税。

车船使用税由拥有并且使用车船的单位按照

适用税额计算缴纳的。

◈ 73.农家乐的所得税该如何计算?

所得税是政府对农家乐的生产经营所得和其他所得征收的一种税。农家乐确定当期所得税,应在会计利润基础上,按照适用税法规定的要求进行调整,计算出当期应纳税所得额,按照应纳税所得额与适用所得税率计算确定当期应缴所得税。

◈ 74. 农家乐收入是如何定价的?

农家乐常用的定价方法有"成本毛利率法"、"销售毛利率法"。

成本毛利率法。成本毛利率法是以餐饮产品单位配料定额成本为基础,按确定的毛利润率加成本据以计算餐饮产品销售价格的一种方法。即:销售价格=单位产品配料定额成本+毛利额=单位产品配料定额成本(1+毛利率)。单位产品配料定额成本是单位产品标准价格与其消耗定额的乘积。

销售毛利率法。销售毛利率法是以餐饮产品销售价格为基础,按照毛利与销售价格之间的比

值关系计算确定餐饮产品销售价格的一种方法。即:销售价格＝单位产品配料定额成本＋销售价格×销售毛利率＝单位产品配料定额成本/(1－销售毛利率)。

❖ 75. 农家乐的利润该如何计算?

农家乐的利润由营业利润、营业外收入、营业外支出等组成。即:

利润总额＝营业利润＋营业外收入－营业外支出

营业利润＝营业收入－营业成本－营业税金及附加－营业费用－管理费用－财务费用

净利润＝利润总额－所得税费用

农家乐的营业外收入是与其日常活动无关的各项利得。如固定资产处置利得、盘盈利得、罚没利得、捐赠利得等。

农家乐营业外支出主要包括固定资产处置损失、盘亏损失、罚款支出、公益性捐赠支出、非常损失。

项目六
制订农家乐内部控制目标

会计是一个特殊行业,以提供会计信息为主要目的,但是,其提供会计信息的客观性、公正性受到质疑,因此,由审计站在独立客观的角度对会计报表进行评价,这样提供的会计信息才是真实公允的。

案例十六

搞不清楚的内部审计与内部控制

阿根对每年一次的会计报表审计结果表示认可,但对单位内部还需要进行内部审计表示不理解。外部审计是为了保证会计信息的客观性与公正性。内部审计是为了防止内部管理上的漏洞而

设置。内部审计主要是为农家乐管理服务的，是
对自己工作的一种检查，比如挪用资金、贪污受贿
等。现在农家乐加强了内部控制，内部审计就是
其中重要的一个环节。

内部控制是财务管理手段的应用，可以防漏
查弊，将不必要的过失扼杀于摇篮之中，是一种预
防机制。内部控制是经济单位和各组织在经济活
动中建立的一种相互制约的业务组织形式和职责
分工制度。内部控制的目的在于改善经营管理、
提高经济效益。

◈ 76. 农家乐应建立怎样的货币控制机制？

农家乐应当对货币资金收支和保管业务建立
严格的授权批准程序，办理货币资金业务的不相
容岗位必须分离，相关机构和人员应当相互制约，
加强款项收付的稽核，确保货币资金的安全。

◈ 77. 农家乐应建立怎样的筹资管理机制？

农家乐应当加强对筹资业务的管理，合理确
定筹资规模和筹资结构。选择恰当的筹资方式，
严格控制财务风险，降低资金成本，确保筹集资金

的合理使用。

◈ 78. 农家乐应建立怎样的存货管理机制？

　　农家乐应当合理规划采购与付款业务的机构和岗位，建立和完善采购与付款的控制程序，强化对请购、审批、采购、验收、付款等环节的控制，做到比质比价采购、采购决策透明，堵塞采购环节的漏洞。

◈ 79. 农家乐应当建立怎样的实物资产管理机制？

　　农家乐应当建立实物资产管理的岗位责任制度，对实物资产的验收入库、领用发出、保管及处置等关键环节进行控制，防止各种实物资产的被盗、挪用、毁损和流失。

◈ 80. 农家乐应当建立怎样的成本费用控制机制？

　　农家乐应当建立成本费用控制系统，做好成本费用的各项基础工作，制订成本费用标准，分解成本费用指标，控制成本费用差异，考核成本费用指标的完成情况，落实奖惩措施，降低成本费用，

提高经济效益。

✧ 81. 农家乐应当建立怎样的销售机制?

农家乐应当制订恰当的销售政策,明确定价原则、信用标准和条件、收款方式以及设计销售业务的机构和人员的职责权限等相关内容,强化对商品发出和账款回收的管理,避免或减少坏账损失。

✧ 82. 农家乐应当建立怎样的工程项目决策程序?

农家乐应当建立科学的工程项目决策程序,明确相关机构和人员的职责权限,建立工程项目投资决策的责任制度,加强工程项目的预算、决算、投标、招标、评标、工程质量监督等环节的管理,防范工程发包、承包、施工、验收等过程中的舞弊行为。

✧ 83. 农家乐应当建立怎样的担保机制?

农家乐应当严格控制担保行为,建立担保决策和责任制度,明确担保原则、担保标准和条件、担保责任等相关内容,加强对担保合同订立的管

理,及时了解和掌握被担保人的经营和财务状况,防范潜在风险,避免和减少可能发生的损失。

✧ 84. 农家乐是否需要采用电算化进行会计核算?

有条件的农家乐可以采用电算化进行会计核算,这将有助于会计账务处理的准确程度和会计工作效率的提高。会计信息系统本身已建立了新的岗位责任制和严格的内部控制制度;财务软件增加了权限控制,各会计人员有自己的操作密码和操作权限;系统本身具有各种自动平衡校验措施。农家乐采用会计电算化会使其管理水平得到进一步的加强。

✧ 85. 农家乐该如何领购发票?

依法办理税务登记的农家乐,在领取税务登记证件后,可以向主管税务机关申请领购发票。初次申请须填写"发票领购申请审批表",一起报送的还有发票经办人的身份证明、税务登记证件以及财务印章或发票专用章的印模。经主管税务机关审核后,发给纳税人"发票领购簿"。

"发票领购簿"上的记录,均由主管税务机关

进行登记。纳税人必须按领购簿上核准的发票名称购买或印制发票,当纳税人发生转业、改组、分设、合并、联营、迁移、歇业、停产、破产、吊销以及变更主管税务机关时,要及时向税务机关办理领购簿的变更或缴销手续。

❖ 86. 农家乐该如何填开发票?

农家乐填写发票时必须项目齐全、内容真实、字迹清楚,全份一次复写,各联内容完全一致,并加盖单位财务印章或者发票专用章。对于填开发票后,发生销货退回或销售折让的,在收回原发票或取得对方主管税务机关的有效证明后,方可填开红字发票。错填发票,应书写或加盖"作废"字样,完整保存各联备查。

❖ 87. 农家乐该如何保管发票?

农家乐应当建立发票使用登记制度,设置发票登记簿,并定期向主管税务机关报告发票使用情况。应当在办理变更或者注销税务登记的同时,办理发票领购簿的变更缴销手续。应当妥善保管发票,不得丢失。发票丢失,应当于丢失当日书面报告主管税务机关,在报刊和电视等传播媒

介上公告声明作废,并接受税务机关的处罚。应当按照税务机关的规定存放和保管发票,不得擅自毁损。已经开具的发票存根和发票登记簿,应当保存 5 年。保存期满,报经主管税务机关查验后销毁。

◈ 88. 农家乐该如何办理纳税争议?

当农家乐与税务部门出现纳税争议,可以采取行政复议和行政诉讼两种方式。

行政复议是申请人对税务机关作出的税收保全措施、税收强制执行措施及行政处罚行为不服,可以在接到处罚之日起或者税务机关采取税收保全措施、强制执行措施之日起 15 日内向上一级税务机关申请复议。申请人对税务机关的其他具体行政行为不服的,应当在获知具体行政行为之日起 15 日内向上一级税务机关申请复议。

行政诉讼是复议申请人对国家税务机关作出的不予受理其复议申请的裁决不服,可自收到不予受理裁决书之日起 15 日内,就复议机关不予受理的裁决本身向人民法院起诉。复议申请人对复议决定不服的,可以自接到复议决定书之日起 15 日内向人民法院起诉。纳税人对税务机关作出的

除征税以外的其他具体行政行为不满，也可以直接向人民法院起诉。直接向人民法院起诉的，当事人应在接到税务机关的有关通知之日起 15 日内或者没有通知时在知道具体行政行为之日起 3 个月内提出。

会计基础工作规范

财会字〔1996〕19 号

第一章 总 则

第一条 为了加强会计基础工作,建立规范的会计工作秩序,提高会计工作水平,根据《中华人民共和国会计法》的有关规定,制定本规范。

第二条 国家机关、社会团体、企业、事业单位、个体工商户和其他组织的会计基础工作,应当符合本规范的规定。

第三条 各单位应当依据有关法律、法规和本规范的规定,加强会计基础工作,严格执行会计法规制度,保证会计工作依法有序地进行。

第四条 单位领导人对本单位的会计基础工作负有领导责任。

第五条 各省、自治区、直辖市财政厅(局)要加强对会计基础工作的管理和指导,通过政策引

导、经验交流、监督检查等措施,促进基层单位加强会计基础工作,不断提高会计工作水平。国务院各业务主管部门根据职责权限管理本部门的会计基础工作。

第二章 会计机构和会计人员

第一节 会计机构设置和会计人员配备

第六条 各单位应当根据会计业务的需要设置会计机构;不具备单独设置会计机构条件的,应当在有关机构中配人员。事业行政单位会计机构的设置和会计人员的配备,应当符合国家统一事业行政单位会计制度的规定。设置会计机构,应当配备会计机构负责人;在有关机构中配备专职会计人员,应当在专职会计人员中指定会计主管人员。会计机构负责人、会计主管人员的任免,应当符合《中华人民共和国会计法》和有关法律的规定。

第七条 会计机构负责人、会计主管人员应当具备下列基本条件:(一)坚持原则,廉洁奉公;(二)具有会计专业技术资格;(三)主管一个单位或者单位内一个重要方面的财务会计工作时间不

少于 2 年;(四)熟悉国家财经法律、法规、规章和方针、政策,掌握本行业业务管理的有关知识;(五)有较强的组织能力;(六)身体状况能够适应本职工作的要求。

第八条 没有设置会计机构和配备会计人员的单位,应当根据《代理记账管理暂行办法》委托会计师事务所或者持有代理记账许可证书的其他代理记账机构进行代理记账。

第九条 大中型企业、事业单位、业务主管部门应当根据法律和国家有关规定设置总会计师。总会计师由具有会计师以上专业技术资格的人员担任。总会计师行使《总会计师条例》规定的职责、权限。总会计师的任命(聘任)、免职(解聘)依照《总会计师条例》和有关法律的规定办理。

第十条 各单位应当根据会计业务需要配备持有会计证的会计人员。未取得会计证的人员,不得从事会计工作。

第十一条 各单位应当根据会计业务需要设置会计工作岗位。会计工作岗位一般可分为:会计机构负责人或者会计主管人员,出纳,财产物资核算,工资核算,成本费用核算,财务成果核算,资金核算,往来结算,总账报表,稽核,档案管理等。

开展会计电算化和管理会计的单位,可以根据需要设置相应工作岗位,也可以与其他工作岗位相结合。

第十二条 会计工作岗位,可以一人一岗、一人多岗或者一岗多人。但出纳人员不得兼管审核、会计档案保管和收入、费用、债权债务账目的登记工作。

第十三条 会计人员的工作岗位应当有计划地进行轮换。

第十四条 会计人员应当具备必要的专业知识和专业技能,熟悉国家有关法律、法规,规章和国家统一会计制度,遵守职业道德。会计人员应当按照国家有关规定参加会计业务的培训。各单位应当合理安排会计人员的培训,保证会计人员每年有一定时间用于学习和参加培训。

第十五条 各单位领导人应当支持会计机构、会计人员依法行使职权;对忠于职守,坚持原则,做出显著成绩的会计机构、会计人员,应当给予精神的和物质的奖励。

第十六条 国家机关、国有企业、事业单位任用会计人员应当实行回避制度。单位领导人的直系亲属不得担任本单位的会计机构负责人、会计

主管人员。会计机构负责人、会计主管人员的直系亲属不得在本单位会计机构中担任出纳工作。需要回避的直系亲属为：夫妻关系、直系血亲关系、三代以内旁系血亲以及配偶亲关系。

第二节　会计人员职业道德

第十七条　会计人员在会计工作中应当遵守职业道德，树立良好的职业品质、严谨的工作作风，严守工作纪律，努力提高工作效率和工作质量。

第十八条　会计人员应当热爱本职工作，努力钻研业务，使自己的知识和技能适应所从事工作的要求。

第十九条　会计人员应当熟悉财经法律、法规、规章和国家统一会计制度，并结合会计工作进行广泛宣传。

第二十条　会计人员应当按照会计法律、法规和国家统一会计制度规定的程序和要求进行会计工作，保证所提供的会计信息合法、真实、准确、及时、完整。

第二十一条　会计人员办理会计事务应当实事求是、客观公正。

第二十二条 会计人员应当熟悉本单位的生产经营和业务管理情况,运用掌握的会计信息和会计方法,为改善单位内部管理、提高经济效益服务。

第二十三条 会计人员应当保守本单位的商业秘密。除法律规定和单位领导人同意外,不能私自向外界提供或者泄露单位的会计信息。

第二十四条 财政部门、业务主管部门和各单位应当定期检查会计人员遵守职业道德的情况,并作为会计人员晋升、晋级、聘任专业职务、表彰奖励的重要考核依据。会计人员违反职业道德的,由所在单位进行处罚;情节严重的,由会计证发证机关吊销其会计证。

第三节 会计工作交接

第二十五条 会计人员工作调动或者因故离职,必须将本人所经管的会计工作全部移交给接替人员。没有办清交接手续的,不得调动或者离职。

第二十六条 接替人员应当认真接管移交工作,并继续办理移交的未了事项。

第二十七条 会计人员办理移交手续前,必

须及时做好以下工作:(一)已经受理的经济业务尚未填制会计凭证的,应当填制完毕。(二)尚未登记的账目,应当登记完毕,并在最后一笔余额后加盖经办人员印章。(三)整理应该移交的各项资料,对未了事项写出书面材料。(四)编制移交清册,列明应当移交的会计凭证、会计账簿、会计报表、印章、现金、有价证券、支票簿、发票、文件、其他会计资料和物品等内容;实行会计电算化的单位,从事该项工作的移交人员还应当在移交清册中列明会计软件及密码、会计软件数据磁盘(磁带等)及有关资料、实物等内容。

第二十八条 会计人员办理交接手续,必须有监交人负责监交。一般会计人员交接,由单位会计机构负责人、会计主管人员负责监交;会计机构负责人、会计主管人员交接,由单位领导人负责监交,必要时可由上级主管部门派人会同监交。

第二十九条 移交人员在办理移交时,要按移交清册逐项移交;接替人员要逐项核对点收。(一)现金、有价证券要根据会计账簿有关记录进行点交。库存现金、有价证券必须与会计账簿记录保持一致。不一致时,移交人员必须限期查清。(二)会计凭证、会计账簿、会计报表和其他会计资

料必须完整无缺。如有短缺,必须查清原因,并在移交清册中注明,由移交人员负责。(三)银行存款账户余额要与银行对账单核对,如不一致,应当编制银行存款余额调节表调节相符,各种财产物资和债权债务的明细账户余额要与总账有关账户余额核对相符;必要时,要抽查个别账户的余额,与实物核对相符,或者与往来单位、个人核对清楚。(四)移交人员经管的票据、印章和其他实物等,必须交接清楚;移交人员从事会计电算化工作的,要对有关电子数据在实际操作状态下进行交接。

第三十条 会计机构负责人、会计主管人员移交时,还必须将全部财务会计工作、重大财务收支和会计人员的情况等,向接替人员详细介绍。对需要移交的遗留问题,应当写出书面材料。

第三十一条 交接完毕后,交接双方和监交人员要在移交注册上签名或者盖章,并应在移交注册上注明:单位名称,交接日期,交接双方和监交人员的职务、姓名,移交清册页数以及需要说明的问题和意见等。移交清册一般应当填制一式三份,交接双方各执一份,存档一份。

第三十二条 接替人员应当继续使用移交的

会计账簿,不得自行另立新账,以保持会计记录的连续性。

第三十三条 会计人员临时离职或者因病不能工作且需要接替或者代理的,会计机构负责人、会计主管人员或者单位领导人必须指定有关人员接替或者代理,并办理交接手续。临时离职或者因病不能工作的会计人员恢复工作的,应当与接替或者代理人员办理交接手续。移交人员因病或者其他特殊原因不能亲自办理移交的,经单位领导人批准,可由移交人员委托他人代办移交,但委托人应当承担本规范第三十五条规定的责任。

第三十四条 单位撤销时,必须留有必要的会计人员,会同有关人员办理清理工作,编制决算。未移交前,不得离职。接收单位和移交日期由主管部门确定。单位合并、分立的,其会计工作交接手续比照上述有关规定办理。

第三十五条 移交人员对所移交的会计凭证、会计账簿、会计报表和其他有关资料的合法性、真实性承担法律责任。

第三章　会计核算

第一节　会计核算的一般要求

第三十六条　各单位应当按照《中华人民共和国会计法》和国家统一会计制度的规定建立会计账册,进行会计核算,及时提供合法、真实、准确、完整的会计信息。

第三十七条　各单位发生的下列事项,应当及时办理会计手续、进行会计核算:(一)款项和有价证券的收付;(二)财物的收发、增减和使用;(三)债权债务的发生和结算;(四)资本、基金的增减;(五)收入、支出、费用、成本的计算;(六)财务成果的计算和处理;(七)其他需要办理会计手续、进行会计核算的事项。

第三十八条　各单位的会计核算应当以实际发生的经济业务为依据,按照规定的会计处理方法进行,保证会计指标的口径一致、相互可比和会计处理方法的前后各期相一致。

第三十九条　会计年度自公历1月1日起至12月31日止。

第四十条　会计核算以人民币为记账本位

币。收支业务以外国货币为主的单位,也可以选定某种外国货币作为记账本位币,但是编制的会计报表应当折算为人民币反映。境外单位向国内有关部门编报的会计报表,应当折算为人民币反映。

第四十一条　各单位根据国家统一会计制度的要求,在不影响会计核算要求、会计报表指标汇总和对外统一会计报表的前提下,可以根据实际情况自行设置和使用会计科目。事业行政单位会计科目的设置和使用,应当符合国家统一事业行政单位会计制度的规定。

第四十二条　会计凭证、会计账簿、会计报表和其他会计资料的内容和要求必须符合国家统一会计制度的规定,不得伪造、变造会计凭证和会计账簿,不得设置账外账,不得报送虚假会计报表。

第四十三条　各单位对外报送的会计报表格式由财政部统一规定。

第四十四条　实行会计电算化的单位,对使用的会计软件及其生成的会计凭证、会计账簿、会计报表和其他会计资料的要求,应当符合财政部关于会计电算化的有关规定。

第四十五条　各单位的会计凭证、会计账簿、

会计报表和其他会计资料,应当建立档案,妥善保管。会计档案建档要求、保管期限、销毁办法等依据《会计档案管理办法》的规定进行。实行会计电算化的单位,有关电子数据、会计软件资料等应当作为会计档案进行管理。

第四十六条 会计记录的文字应当使用中文,少数民族自治地区可以同时使用少数民族文字。中国境内的外商投资企业、外国企业和其他外国经济组织也可以同时使用某种外国文字。

第二节　填制会计凭证

第四十七条 各单位办理本规范第三十七条规定的事项,必须取得或者填制原始凭证,并及时送交会计机构。

第四十八条 原始凭证的基本要求是:

(一)原始凭证的内容必须具备:凭证的名称;填制凭证的日期;填制凭证单位名称或者填制人姓名;经办人员的签名或者盖章;接受凭证单位名称;经济业务内容;数量、单价和金额。

(二)从外单位取得的原始凭证,必须盖有填制单位的公章;从个人取得的原始凭证,必须有填制人员的签名或者盖章。自制原始凭证必须有经

办单位领导人或者其指定的人员签名或者盖章。对外开出的原始凭证,必须加盖本单位公章。

(三)凡填有大写和小写金额的原始凭证,大写与小写金额必须相符。购买实物的原始凭证,必须有验收证明。支付款项的原始凭证,必须有收款单位和收款人的收款证明。

(四)一式几联的原始凭证,应当注明各联的用途,只能以一联作为报销凭证。一式几联的发票和收据,必须用双面复写纸(发票和收据本身具备复写纸功能的除外)套写,并连续编号。作废时应当加盖"作废"戳记,连同存根一起保存,不得撕毁。

(五)发生销货退回的,除填制退货发票外,还必须有退货验收证明;退款时,必须取得对方的收款收据或者汇款银行的凭证,不得以退货发票代替收据。

(六)职工公出借款凭据,必须附在记账凭证之后。收回借款时,应当另开收据或者退还借据副本,不得退还原借款收据。

(七)经上级有关部门批准的经济业务,应当将批准文件作为原始凭证附件;如果批准文件需要单独归档的,应当在凭证上注明批准机关名称、

日期和文件字号。

第四十九条 原始凭证不得涂改、挖补。发现原始凭证有错误的,应当由开出单位重开或者更正,更正处应当加盖开出单位的公章。

第五十条 会计机构、会计人员要根据审核无误的原始凭证填制记账凭证。记账凭证可以分为收款凭证、付款凭证和转账凭证,也可以使用通用记账凭证。

第五十一条 记账凭证的基本要求是:

(一)记账凭证的内容必须具备:填制凭证的日期,凭证编号,经济业务摘要,会计科目,金额,所附原始凭证张数,填制凭证人员、稽核人员、记账人员、会计机构负责人、会计主管人员签名或者盖章。收款和付款记账凭证还应当由出纳人员签名或者盖章。以自制的原始凭证或者原始凭证汇总表代替记账凭证的,也必须具备记账凭证应有的项目。

(二)填制记账凭证时,应当对记账凭证进行连续编号。一笔经济业务需要填制两张以上记账凭证的,可以采用分数编号法编号。

(三)记账凭证可以根据每一张原始凭证填制,或者根据若干张同类原始凭证汇总填制,也可

以根据原始凭证汇总表填制。但不得将不同内容和类别的原始凭证汇总填制在一张记账凭证上。

(四)除结账和更正错误的记账凭证可以不附原始凭证外,其他记账凭证必须附有原始凭证。如果一张原始凭证涉及几张记账凭证,可以把原始凭证附在一张主要的记账凭证后面,并在其他记账凭证上注明附有该原始凭证的记账凭证的编号或者附原始凭证复印件。一张原始凭证所列支出需要几个单位共同负担的,应当将其他单位负担的部分,开给对方原始凭证分割单,进行结算。原始凭证分割单必须具备原始凭证的基本内容:凭证名称、填制凭证日期、填制凭证单位名称或者填制人姓名、经办人的签名或者盖章、接受凭证单位名称、经济业务内容、数量、单价、金额和费用分摊情况等。

(五)如果在填制记账凭证时发生错误,应当重新填制。已经登记入账的记账凭证,在当年内发现填写错误时,可以用红字填写一张与原内容相同的记账凭证,在摘要栏注明"注销某月某日某号凭证"字样,同时再用蓝字重新填制一张正确的记账凭证,注明"订正某月某日某号凭证"字样。如果会计科目没有错误,只是金额错误,也可以将

正确数字与错误数字之间的差额,另编一张调整的记账凭证,调增金额用蓝字,调减金额用红字。发现以前年度记账凭证有错误的,应当用蓝字填制一张更正的记账凭证。

(六)记账凭证填制完经济业务事项后,如有空行,应当自金额栏最后一笔金额数字下的空行处至合计数上的空行处画线注销。

第五十二条 填制会计凭证,字迹必须清晰、工整,并符合下列要求:

(一)阿拉伯数字应当一个一个地写,不得连笔写。阿拉伯金额数字前面应当书写货币币种符号或者货币名称简写和币种符号。币种符号与阿拉伯金额数字之间不得留有空白。凡阿拉伯数字前写有币种符号的,数字后面不再写货币单位。

(二)所有以元为单位(其他货币种类为货币基本单位,下同)的阿拉伯数字,除表示单价等情况外,一律填写到角分;元角分的角位和分位可写"00",或者符号"—";有角无分的,分位应当写"0",不得用符号"—"代替。

(三)汉字大写数字金额如零、壹、贰、叁、肆、伍、陆、柒、捌、玖、拾、佰、仟、万、亿等,一律用正楷或者行书体书写,不得用0、一、二、三、四、五、六、

七、八、九、十等简化字代替,不得任意自造简化字。大写金额数字到元或者角为止的,在"元"或者"角"字之后应当写"整"字或者"正"字;大写金额数字有分的,分字后面不写"整"或者"正"字。

(四)大写金额数字前未印有货币名称的,应当加填货币名称,货币名称与金额数字之间不得留有空白。

(五)阿拉伯金额数字中间有"0"时,汉字大写金额要写"零"字;阿拉伯数字金额中间连续有几个"0"时,汉字大写金额中可以只写一个"零"字;阿拉伯金额数字元位是"0",或者数字中间连续有几个"0"、元位也是"0"但角位不是"0"时,汉字大写金额可以只写一个"零"字,也可以不写"零"字。

第五十三条 实行会计电算化的单位,对于机制记账凭证,要认真审核,做到会计科目使用正确,数字准确无误。打印出的机制记账凭证要加盖制单人员、审核人员、记账人员及会计机构负责人、会计主管人员印章或者签字。

第五十四条 各单位会计凭证的传递程序应当科学、合理,具体办法由各单位根据会计业务需要自行规定。

第五十五条 会计机构、会计人员要妥善保

管会计凭证。

（一）会计凭证应当及时传递，不得积压。

（二）会计凭证登记完毕后，应当按照分类和编号顺序保管，不得散乱丢失。

（三）记账凭证应当连同所附的原始凭证或者原始凭证汇总表，按照编号顺序，折叠整齐，按期装订成册，并加具封面，注明单位名称、年度、月份和起讫日期、凭证种类、起讫号码，由装订人在装订线封签外签名或者盖章。对于数量过多的原始凭证，可以单独装订保管，在封面上注明记账凭证日期、编号、种类，同时在记账凭证上注明"附件另订"和原始凭证名称及编号。各种经济合同、存出保证金收据以及涉外文件等重要原始凭证，应当另编目录，单独登记保管，并在有关的记账凭证和原始凭证上相互注明日期和编号。

（四）原始凭证不得外借，其他单位如因特殊原因需要使用原始凭证时，经本单位会计机构负责人、会计主管人员批准，可以复制。向外单位提供的原始凭证复制件，应当在专设的登记簿上登记，并由提供人员和收取人员共同签名或者盖章。

（五）从外单位取得的原始凭证如有遗失，应当取得原开出单位盖有公章的证明，并注明原来

凭证的号码、金额和内容等,由经办单位会计机构负责人、会计主管人员和单位领导人批准后,才能代作原始凭证。如果确实无法取得证明的,如火车、轮船、飞机票等凭证,由当事人写出详细情况,由经办单位会计机构负责人、会计主管人员和单位领导人批准后,代作原始凭证。

第三节　登记会计账簿

第五十六条　各单位应当按照国家统一会计制度的规定和会计业务的需要设置会计账簿。会计账簿包括总账、明细账、日记账和其他辅助性账簿。

第五十七条　现金日记账和银行存款日记账必须采用订本式账簿。不得用银行对账单或者其他方法代替日记账。

第五十八条　实行会计电算化的单位,用计算机打印的会计账簿必须连续编号,经审核无误后装订成册,并由记账人员和会计机构负责人、会计主管人员签字或者盖章。

第五十九条　启用会计账簿时,应当在账簿封面上写明单位名称和账簿名称。在账簿扉页上应当附启用表,内容包括:启用日期、账簿页数、记

账人员和会计机构负责人、会计主管人员姓名,并加盖名章和单位公章。记账人员或者会计机构负责人、会计主管人员调动工作时,应当注明交接日期、接办人员或者监交人员姓名,并由交接双方人员签名或者盖章。启用订本式账簿,应当从第一页到最后一页顺序编定页数,不得跳页、缺号。使用活页式账页,应当按账户顺序编号,并须定期装订成册。装订后再接实际使用的账页顺序编定页码。另加目录,记明每个账户的名称和页次。

第六十条 会计人员应当根据审核无误的会计凭证登记会计账簿。登记账簿的基本要求是:

(一)登记会计账簿时,应当将会计凭证日期、编号、业务内容摘要、金额和其他有关资料逐项记入账内;做到数字准确、摘要清楚、登记及时、字迹工整。

(二)登记完毕后,要在记账凭证上签名或者盖章,并注明已经登账的符号,表示已经记账。

(三)账簿中书写的文字和数字上面要留有适当空格,不要写满格;一般应占格距的二分之一。

(四)登记账簿要用蓝黑墨水或者碳素墨水书写,不得使用圆珠笔(银行的复写账簿除外)或者铅笔书写。

（五）下列情况，可以用红色墨水记账：

1. 按照红字冲账的记账凭证，冲销错误记录；

2. 在不设借贷等栏的多栏式账页中，登记减少数；

3. 在三栏式账户的余额栏前，如未印明余额方面的，在余额栏内登记负数余额；

4. 根据国家统一会计制度的规定可以用红字登记的其他会计记录。

（六）各种账簿按页次顺序连续登记，不得跳行、隔页。如果发生跳行、隔页，应当将空行、空页画线注销，或者注明"此行空白"、"此页空白"字样，并由记账人员签名或者盖章。

（七）凡需要结出余额的账户，结出余额后。应当在"借或贷"等栏内写明"借"或者"贷"等字样。没有余额的账户，应当在"借或贷"等栏内写"平"字，并在余额栏内用"Q"表示。现金日记账和银行存款日记账必须逐日结出余额。

（八）每一账页登记完毕结转下页时，应当结出本页合计数及余额，写在本页最后一行和下页第一行有关栏内，并在摘要栏内注明"过次页"和"承前页"字样；也可以将本页合计数及金额只写在下页第一行有关栏内，并在摘要栏内注明"承前

页"字样。对需要结计本月发生额的账户,结计"过次页"的本页合计数应当为自本月初起至本页末止的发生额合计数;对需要结计本年累计发生额的账户,结计"过次页"的本页合计数应当为自年初起至本页末止的累计数;对既不需要结计本月发生额也不需要结计本年累计发生额的账户,可以只将每页末的余额结转次页。

第六十一条 实行会计电算化的单位,总账和明细账应当定期打印。发生收款和付款业务的,在输入收款凭证和付款凭证的当天必须打印出现金日记账和银行存款日记账,并与库存现金核对无误。

第六十二条 账簿记录发生错误,不准涂改、挖补、刮擦或者用药水消除字迹,不准重新抄写,必须按照下列方法进行更正:

(一)登记账簿时发生错误,应当将错误的文字或者数字画红线注销,但必须使原有字迹仍可辨认;然后在画线上方填写正确的文字或者数字,并由记账人员在更正处盖章。对于错误的数字,应当全部划红线更正,不得只更正其中的错误数字。对于文字错误,可只划去错误的部分。

(二)由于记账凭证错误而使账簿记录发生错

误,应当按更正的记账凭证登记账簿。

第六十三条 各单位应当定期对会计账簿记录的有关数字与库存实物、货币资金、有价证券、往来单位或者个人等进行相互核对,保证账证相符、账账相符、账实相符。对账工作每年至少进行一次。

(一)账证核对。核对会计账簿记录与原始凭证、记账凭证的时间、凭证字号、内容、金额是否一致,记账方向是否相符。

(二)账账核对。核对不同会计账簿之间的账簿记录是否相符,包括:总账有关账户的余额核对,总账与明细账核对,总账与日记账核对,会计部门的财产物资明细账与财产物资保管和使用部门的有关明细账核对等。

(三)账实核对。核对会计账簿记录与财产等实有数额是否相符。包括:现金日记账账面余额与现金实际库存数相核对;银行存款日记账账面余额定期与银行对账单相核对;各种财物明细账账面余额与财物实存数额相核对;各种应收、应付款明细账账面余额与有关债务、债权单位或者个人核对等。

第六十四条 各单位应当按照规定定期

结账。

（一）结账前,必须将本期内所发生的各项经济业务全部登记入账。

（二）结账时,应当结出每个账户的期末余额。需要结出当月发生额的,应当在摘要栏内注明"本月合计"字样,并在下面通栏划单红线。需要结出本年累计发生额的,应当在摘要栏内注明"本年累计"字样,并在下面通栏划单红线;12月末的"本年累计"就是全年累计发生额。全年累计发生额下面应当通栏划双红线。年度终了结账时,所有总账账户都应当结出全年发生额和年末余额。

（三）年度终了,要把各账户的余额结转到下一会计年度,并在摘要栏注明"结转下年"字样;在下一会计年度新建有关会计账簿的第一行余额栏内填写上年结转的余额,并在摘要栏注明"上年结转"字样。

第四节　编制财务报告

第六十五条　各单位必须按照国家统一会计制度的规定,定期编制财务报告。财务报告包括会计报表及其说明。会计报表包括会计报表主表、会计报表附表、会计报表附注。

第六十六条 各单位对外报送的财务报告应当根据国家统一会计制度规定的格式和要求编制。单位内部使用的财务报告,其格式和要求由各单位自行规定。

第六十七条 会计报表应当根据登记完整、核对无误的会计账簿记录和其他有关资料编制,做到数字真实、计算准确、内容完整、说明清楚。任何人不得篡改或者授意、指使、强令他人篡改会计报表的有关数字。

第六十八条 会计报表之间、会计报表各项目之间,凡有对应关系的数字,应当相互一致。本期会计报表与上期会计报表之间有关的数字应当相互衔接。如果不同会计年度会计报表中各项目的内容和核算方法有变更的,应当在年度会计报表中加以说明。

第六十九条 各单位应当按照国家统一会计制度的规定认真编写会计报表附注及其说明,做到项目齐全,内容完整。

第七十条 各单位应当按照国家规定的期限对外报送财务报告。对外报送的财务报告,应当依次编定页码,加具封面,装订成册,加盖公章。封面上应当注明:单位名称,单位地址,财务报告

所属年度、季度、月度,送出日期,并由单位领导人、总会计师、会计机构负责人、会计主管人员签名或者盖章。单位领导人对财务报告的合法性、真实性负法律责任。

第七十一条 根据法律和国家有关规定应当对财务报告进行审计的,财务报告编制单位应当先行委托注册会计师进行审计,并将注册会计师出具的审计报告随同财务报告按照规定的期限报送有关部门。

第七十二条 如果发现对外报送的财务报告有错误,应当及时办理更正手续。除更正本单位留存的财务报告外,并应同时通知接受财务报告的单位更正。错误较多的,应当重新编报。

第四章 会计监督

第七十三条 各单位的会计机构、会计人员对本单位的经济活动进行会计监督。

第七十四条 会计机构、会计人员进行会计监督的依据是:

(一)财经法律、法规、规章;

(二)会计法律、法规和国家统一会计制度;

（三）各省、自治区、直辖市财政厅（局）和国务院业务主管部门根据《中华人民共和国会计法》和国家统一会计制度制定的具体实施办法或者补充规定；

（四）各单位根据《中华人民共和国会计法》和国家统一会计制度制定的单位内部会计管理制度；

（五）各单位内部的预算、财务计划、经济计划、业务计划。

第七十五条 会计机构、会计人员应当对原始凭证进行审核和监督。对不真实、不合法的原始凭证，不予受理。对弄虚作假、严重违法的原始凭证，在不予受理的同时，应当予以扣留，并及时向单位领导人报告，请求查明原因，追究当事人的责任。对记载不明确、不完整的原始凭证，予以退回，要求经办人员更正、补充。

第七十六条 会计机构、会计人员对伪造、变造、故意毁灭会计账簿或者账外设账行为，应当制止和纠正；制止和纠正无效的，应当向上级主管单位报告，请求作出处理。

第七十七条 会计机构、会计人员应当对实物、款项进行监督，督促建立并严格执行财产清查

制度。发现账簿记录与实物、款项不符时,应当按照国家有关规定进行处理。超出会计机构、会计人员职权范围的,应当立即向本单位领导报告,请求查明原因,作出处理。

第七十八条 会计机构、会计人员对指使、强令编造、篡改财务报告行为,应当制止和纠正;制止和纠正无效的,应当向上级主管单位报告,请求处理。

第七十九条 会计机构、会计人员应当对财务收支进行监督。

(一)对审批手续不全的财务收支,应当退回,要求补充、更正。

(二)对违反规定不纳入单位统一会计核算的财务收支,应当制止和纠正。

(三)对违反国家统一的财政、财务、会计制度规定的财务收支,不予办理。

(四)对认为是违反国家统一的财政、财务、会计制度规定的财务收支,应当制止和纠正;制止和纠正无效的,应当向单位领导人提出书面意见请求处理。单位领导人应当在接到书面意见起十日内作出书面决定,并对决定承担责任。

(五)对违反国家统一的财政、财务、会计制度

规定的财务收支,不予制止和纠正,又不向单位领导人提出书面意见的,也应当承担责任。

(六)对严重违反国家利益和社会公众利益的财务收支,应当向主管单位或者财政、审计、税务机关报告。

第八十条 会计机构、会计人员对违反单位内部会计管理制度的经济活动,应当制止和纠正;制止和纠正无效的,向单位领导人报告,请求处理。

第八十一条 会计机构、会计人员应当对单位制定的预算、财务计划、经济计划、业务计划的执行情况进行监督。

第八十二条 各单位必须依照法律和国家有关规定接受财政、审计、税务等机关的监督,如实提供会计凭证、会计账簿、会计报表和其他会计资料以及有关情况,不得拒绝、隐匿、谎报。

第八十三条 按照法律规定应当委托注册会计师进行审计的单位,应当委托注册会计师进行审计,并配合注册会计师的工作,如实提供会计凭证、会计账簿、会计报表和其他会计资料以及有关情况,不得拒绝、隐匿、谎报;不得示意注册会计师出具不当的审计报告。

第五章　内部会计管理制度

第八十四条　各单位应当根据《中华人民共和国会计法》和国家统一会计制度的规定,结合单位类型和内容管理的需要,建立健全相应的内部会计管理制度。

第八十五条　各单位制定内部会计管理制度应当遵循下列原则:

(一)应当执行法律、法规和国家统一的财务会计制度。

(二)应当体现本单位的生产经营、业务管理的特点和要求。

(三)应当全面规范本单位的各项会计工作,建立健全会计基础,保证会计工作的有序进行。

(四)应当科学、合理,便于操作和执行。

(五)应当定期检查执行情况。

(六)应当根据管理需要和执行中的问题不断完善。

第八十六条　各单位应当建立内部会计管理体系。主要内容包括:单位领导人、总会计师对会计工作的领导职责;会计部门及其会计机构负责

人、会计主管人员的职责、权限;会计部门与其他职能部门的关系;会计核算的组织形式等。

第八十七条 各单位应当建立会计人员岗位责任制度。主要内容包括:会计人员的工作岗位设置;各会计工作岗位的职责和标准;各会计工作岗位的人员和具体分工;会计工作岗位轮换办法;对各会计工作岗位的考核办法。

第八十八条 各单位应当建立账务处理程序制度。主要内容包括:会计科目及其明细科目的设置和使用;会计凭证的格式、审核要求和传递程序;会计核算方法;会计账簿的设置;编制会计报表的种类和要求;单位会计指标体系。

第八十九条 各单位应当建立内部牵制制度。主要内容包括:内部牵制制度的原则;组织分工;出纳岗位的职责和限制条件;有关岗位的职责和权限。

第九十条 各单位应当建立稽核制度。主要内容包括:稽核工作的组织形式和具体分工;稽核工作的职责、权限;审核会计凭证和复核会计账簿、会计报表的方法。

第九十一条 各单位应当建立原始记录管理制度。主要内容包括:原始记录的内容和填制方

法;原始记录的格式;原始记录的审核;原始记录填制人的责任;原始记录签署、传递、汇集要求。

第九十二条 各单位应当建立定额管理制度。主要内容包括:定额管理的范围;制定和修订定额的依据、程序和方法;定额的执行;定额考核和奖惩办法等。

第九十三条 各单位应当建立计量验收制度。主要内容包括:计量检测手段和方法;计量验收管理的要求;计量验收人员的责任和奖惩办法。

第九十四条 各单位应当建立财产清查制度。主要内容包括:财产清查的范围;财产清查的组织;财产清查的期限和方法;对财产清查中发现问题的处理办法;对财产管理人员的奖惩办法。

第九十五条 各单位应当建立财务收支审批制度。主要内容包括:财务收支审批人员和审批权限;财务收支审批程序;财务收支审批人员的责任。

第九十六条 实行成本核算的单位应当建立成本核算制度。主要内容包括:成本核算的对象;成本核算的方法和程序;成本分析等。

第九十七条 各单位应当建立财务会计分析制度。主要内容包括:财务会计分析的主要内容;

财务会计分析的基本要求和组织程序;财务会计分析的具体方法;财务会计分析报告的编写要求等。

第六章　附　则

第九十八条　本规范所称国家统一会计制度,是指由财政部制定,或者财政部与国务院有关部门联合制定,或者经财政部审核批准的在全国范围内统一执行的会计规章、准则、办法等规范性文件。本规范所称会计主管人员,是指不设置会计机构、只在其他机构中设置专职会计人员的单位行使会计机构负责人职权的人员。本规范第三章第二节和第三节关于填制会计凭证、登记会计账簿的规定,除特别指出外,一般适用于手工记账。实行会计电算化的单位,填制会计凭证和登记会计账簿的有关要求,应当符合财政部关于会计电算化的有关规定。

第九十九条　各省、自治区、直辖市财政厅(局)、国务院各业务主管部门可以根据本规范的原则,结合本地区、本部门的具体情况,制定具体实施办法,报财政部备案。

第一百条　本规范由财政部负责解释、修改。

第一百零一条　本规范自公布之日起实施。1984 年 4 月 24 日财政部发布的《会计人员工作规则》同时废止。

（资料来源：http://www.bnu.edu.cn/caijingchu/wenjian/7.htm.）

附录二

中华人民共和国会计法

(1985年1月21日第六届全国人民代表大会常务委员会第九次会议通过,根据1993年12月29日第八届全国人民代表大会常务委员会第五次会议《关于修改〈中华人民共和国会计法〉的决定》修正,1999年10月31日第九届全国人民代表大会常务委员会第十二次会议修订)

第一章 总 则

第一条 为了规范会计行为,保证会计资料真实、完整,加强经济管理和财务管理,提高经济效益,维护社会主义市场经济秩序,制定本法。

第二条 国家机关、社会团体、公司、企业、事业单位和其他组织(以下统称单位)必须依照本法办理会计事务。

第三条 各单位必须依法设置会计账簿,并保证其真实、完整。

第四条 单位负责人对本单位的会计工作和会计资料的真实性、完整性负责。

第五条 会计机构、会计人员依照本法规定进行会计核算,实行会计监督。

任何单位或者个人不得以任何方式授意、指使、强令会计机构、会计人员伪造、变造会计凭证、会计账簿和其他会计资料,提供虚假财务会计报告。

任何单位或者个人不得对依法履行职责、抵制违反本法规定行为的会计人员实行打击报复。

第六条 对认真执行本法,忠于职守,坚持原则,做出显著成绩的会计人员,给予精神的或者物质的奖励。

第七条 国务院财政部门主管全国的会计工作。

县级以上地方各级人民政府财政部门管理本行政区域内的会计工作。

第八条 国家实行统一的会计制度。国家统一的会计制度由国务院财政部门根据本法制定并公布。

国务院有关部门可以依照本法和国家统一的会计制度制定对会计核算和会计监督有特殊要求

的行业实施国家统一的会计制度的具体办法或者补充规定,报国务院财政部门审核批准。

中国人民解放军总后勤部可以依照本法和国家统一的会计制度制定军队实施国家统一的会计制度的具体办法,报国务院财政部门备案。

第二章　会计核算

第九条　各单位必须根据实际发生的经济业务事项进行会计核算,填制会计凭证,登记会计账簿,编制财务会计报告。

任何单位不得以虚假的经济业务事项或者资料进行会计核算。

第十条　下列经济业务事项,应当办理会计手续,进行会计核算:

(一)款项和有价证券的收付;

(二)财物的收发、增减和使用;

(三)债权债务的发生和结算;

(四)资本、基金的增减;

(五)收入、支出、费用、成本的计算;

(六)财务成果的计算和处理;

(七)需要办理会计手续、进行会计核算的其

他事项。

第十一条 会计年度自公历 1 月 1 日起至 12 月 31 日止。

第十二条 会计核算以人民币为记账本位币。

业务收支以人民币以外的货币为主的单位，可以选定其中一种货币作为记账本位币，但是编报的财务会计报告应当折算为人民币。

第十三条 会计凭证、会计账簿、财务会计报告和其他会计资料，必须符合国家统一的会计制度的规定。

使用电子计算机进行会计核算的，其软件及其生成的会计凭证、会计账簿、财务会计报告和其他会计资料，也必须符合国家统一的会计制度的规定。

任何单位和个人不得伪造、变造会计凭证、会计账簿及其他会计资料，不得提供虚假的财务会计报告。

第十四条 会计凭证包括原始凭证和记账凭证。

办理本法第十条所列的经济业务事项，必须填制或者取得原始凭证并及时送交会计机构。

会计机构、会计人员必须按照国家统一的会计制度的规定对原始凭证进行审核,对不真实、不合法的原始凭证有权不予接受,并向单位负责人报告;对记载不准确、不完整的原始凭证予以退回,并要求按照国家统一的会计制度的规定更正、补充。

原始凭证记载的各项内容均不得涂改;原始凭证有错误的,应当由出具单位重开或者更正,更正处应当加盖出具单位印章。原始凭证金额有错误的,应当由出具单位重开,不得在原始凭证上更正。

记账凭证应当根据经过审核的原始凭证及有关资料编制。

第十五条 会计账簿登记,必须以经过审核的会计凭证为依据,并符合有关法律、行政法规和国家统一的会计制度的规定。会计账簿包括总账、明细账、日记账和其他辅助性账簿。

会计账簿应当按照连续编号的页码顺序登记。会计账簿记录发生错误或者隔页、缺号、跳行的,应当按照国家统一的会计制度规定的方法更正,并由会计人员和会计机构负责人(会计主管人员)在更正处盖章。

使用电子计算机进行会计核算的,其会计账簿的登记、更正,应当符合国家统一的会计制度的规定。

第十六条 各单位发生的各项经济业务事项应当在依法设置的会计账簿上统一登记、核算,不得违反本法和国家统一的会计制度的规定私设会计账簿登记、核算。

第十七条 各单位应当定期将会计账簿记录与实物、款项及有关资料相互核对,保证会计账簿记录与实物及款项的实有数额相符、会计账簿记录与会计凭证的有关内容相符、会计账簿之间相对应的记录相符、会计账簿记录与会计报表的有关内容相符。

第十八条 各单位采用的会计处理方法,前后各期应当一致,不得随意变更;确有必要变更的,应当按照国家统一的会计制度的规定变更,并将变更的原因、情况及影响在财务会计报告中说明。

第十九条 单位提供的担保、未决诉讼等或有事项,应当按照国家统一的会计制度的规定,在财务会计报告中予以说明。

第二十条 财务会计报告应当根据经过审核

的会计账簿记录和有关资料编制,并符合本法和国家统一的会计制度关于财务会计报告的编制要求、提供对象和提供期限的规定;其他法律、行政法规另有规定的,从其规定。

　　财务会计报告由会计报表、会计报表附注和财务情况说明书组成。向不同的会计资料使用者提供的财务会计报告,其编制依据应当一致。有关法律、行政法规规定会计报表、会计报表附注和财务情况说明书须经注册会计师审计的,注册会计师及其所在的会计师事务所出具的审计报告应当随同财务会计报告一并提供。

　　第二十一条　财务会计报告应当由单位负责人和主管会计工作的负责人、会计机构负责人、会计主管人员签名并盖章。

　　设置总会计师的单位,还须由总会计师签名并盖章。单位负责人应当保证财务会计报告真实、完整。

　　第二十二条　会计记录的文字应当使用中文。在民族自治地方,会计记录可以同时使用当地通用的一种民族文字。在中华人民共和国境内的外商投资企业、外国企业和其他外国组织的会计记录可以同时使用一种外国文字。

第二十三条　各单位对会计凭证、会计账簿、财务会计报告和其他会计资料应当建立档案,妥善保管。会计档案的保管期限和销毁办法,由国务院财政部门会同有关部门制定。

第三章　公司、企业会计核算的特别规定

第二十四条　公司、企业进行会计核算,除应当遵守本法第二章的规定外,还应当遵守本章规定。

第二十五条　公司、企业必须根据实际发生的经济业务事项,按照国家统一的会计制度的规定确认、计量和记录资产、负债、所有者权益、收入、费用、成本和利润。

第二十六条　公司、企业进行会计核算不得有下列行为:

(一)随意改变资产、负债、所有者权益的确认标准或者计量方法,虚列、多列、不列或者少列资产、负债、所有者权益;

(二)虚列或者隐瞒收入,推迟或者提前确认收入;

(三)随意改变费用、成本的确认标准或者计

量方法,虚列、多列、不列或者少列费用、成本;

(四)随意调整利润的计算、分配方法,编造虚假利润或者隐瞒利润;

(五)违反国家统一的会计制度规定的其他行为。

第四章　会计监督

第二十七条　各单位应当建立、健全本单位内部会计监督制度。单位内部会计监督制度应当符合下列要求:

(一)记账人员与经济业务事项和会计事项的审批人员、经办人员、财物保管人员的职责权限应当明确,并相互分离、相互制约;

(二)重大对外投资、资产处置、资金调度和其他重要经济业务事项的决策和执行的相互监督、相互制约程序应当明确;

(三)财产清查的范围、期限和组织程序应当明确;

(四)对会计资料定期进行内部审计的办法和程序应当明确。

第二十八条　单位负责人应当保证会计机

构、会计人员依法履行职责,不得授意、指使、强令会计机构、会计人员违法办理会计事项。

会计机构、会计人员对违反本法和国家统一的会计制度规定的会计事项,有权拒绝办理或者按照职权予以纠正。

第二十九条 会计机构、会计人员发现会计账簿记录与实物、款项及有关资料不相符的,按照国家统一的会计制度的规定有权自行处理的,应当及时处理;无权处理的,应当立即向单位负责人报告,请求查明原因,作出处理。

第三十条 任何单位和个人对违反本法和国家统一的会计制度规定的行为,有权检举。收到检举的部门有权处理的,应当依法按照职责分工及时处理;无权处理的,应当及时移送有权处理的部门处理。收到检举的部门、负责处理的部门应当为检举人保密,不得将检举人姓名和检举材料转给被检举单位和被检举人个人。

第三十一条 有关法律、行政法规规定,须经注册会计师进行审计的单位,应当向受委托的会计师事务所如实提供会计凭证、会计账簿、财务会计报告和其他会计资料以及有关情况。

任何单位或者个人不得以任何方式要求或者

示意注册会计师及其所在的会计师事务所出具不实或者不当的审计报告。

财政部门有权对会计师事务所出具审计报告的程序和内容进行监督。

第三十二条 财政部门对各单位的下列情况实施监督：

（一）是否依法设置会计账簿；

（二）会计凭证、会计账簿、财务会计报告和其他会计资料是否真实、完整；

（三）会计核算是否符合本法和国家统一的会计制度的规定；

（四）从事会计工作的人员是否具备从业资格。

在对前款第（二）项所列事项实施监督，发现重大违法嫌疑时，国务院财政部门及其派出机构可以向与被监督单位有经济业务往来的单位和被监督单位开立账户的金融机构查询有关情况，有关单位和金融机构应当给予支持。

第三十三条 财政、审计、税务、人民银行、证券监管、保险监管等部门应当依照有关法律、行政法规规定的职责，对有关单位的会计资料实施监督检查。

前款所列监督检查部门对有关单位的会计资料依法实施监督检查后,应当出具检查结论。有关监督检查部门已经作出的检查结论能够满足其他监督检查部门履行本部门职责需要的,其他监督检查部门应当加以利用,避免重复查账。

第三十四条　依法对有关单位的会计资料实施监督检查的部门及其工作人员对在监督检查中知悉的国家秘密和商业秘密负有保密义务。

第三十五条　各单位必须依照有关法律、行政法规的规定,接受有关监督检查部门依法实施的监督检查,如实提供会计凭证、会计账簿、财务会计报告和其他会计资料以及有关情况,不得拒绝、隐匿、谎报。

第五章　会计机构和会计人员

第三十六条　各单位应当根据会计业务的需要,设置会计机构,或者在有关机构中设置会计人员并指定会计主管人员;不具备设置条件的,应当委托经批准设立从事会计代理记账业务的中介机构代理记账。

国有的和国有资产占控股地位或者主导地位

的大、中型企业必须设置总会计师。总会计师的任职资格、任免程序、职责权限由国务院规定。

第三十七条　会计机构内部应当建立稽核制度。

出纳人员不得兼任稽核、会计档案保管和收入、支出、费用、债权债务账目的登记工作。

第三十八条　从事会计工作的人员，必须取得会计从业资格证书。

担任单位会计机构负责人（会计主管人员）的，除取得会计从业资格证书外，还应当具备会计师以上专业技术职务资格或者从事会计工作3年以上经历。

会计人员从业资格管理办法由国务院财政部门规定。

第三十九条　会计人员应当遵守职业道德，提高业务素质。对会计人员的教育和培训工作应当加强。

第四十条　因有提供虚假财务会计报告，做假账，隐匿或者故意销毁会计凭证、会计账簿、财务会计报告，贪污，挪用公款，职务侵占等与会计职务有关的违法行为被依法追究刑事责任的人员，不得取得或者重新取得会计从业资格证书。

除前款规定的人员外,因违法违纪行为被吊销会计从业资格证书的人员,自被吊销会计从业资格证书之日起 5 年内,不得重新取得会计从业资格证书。

第四十一条 会计人员调动工作或者离职,必须与接管人员办清交接手续。

一般会计人员办理交接手续,由会计机构负责人(会计主管人员)监交;会计机构负责人(会计主管人员)办理交接手续,由单位负责人监交,必要时主管单位可以派人会同监交。

第六章 法律责任

第四十二条 违反本法规定,有下列行为之一的,由县级以上人民政府财政部门责令限期改正,可以对单位并处三千元以上五万元以下的罚款;对其直接负责的主管人员和其他直接责任人员,可以处二千元以上二万元以下的罚款;属于国家工作人员的,还应当由其所在单位或者有关单位依法给予行政处分:

(一)不依法设置会计账簿的;

(二)私设会计账簿的;

（三）未按照规定填制、取得原始凭证或者填制、取得的原始凭证不符合规定的；

（四）以未经审核的会计凭证为依据登记会计账簿或者登记会计账簿不符合规定的；

（五）随意变更会计处理方法的；

（六）向不同的会计资料使用者提供的财务会计报告编制依据不一致的；

（七）未按照规定使用会计记录文字或者记账本位币的；

（八）未按照规定保管会计资料，致使会计资料毁损、灭失的；

（九）未按照规定建立并实施单位内部会计监督制度，或者拒绝依法实施的监督，或者不如实提供有关会计资料及有关情况的；

（十）任用会计人员不符合本法规定的。

有前款所列行为之一，构成犯罪的，依法追究刑事责任。

会计人员有第一款所列行为之一，情节严重的，由县级以上人民政府财政部门吊销会计从业资格证书。

有关法律对第一款所列行为的处罚另有规定的，依照有关法律的规定办理。

第四十三条 伪造、变造会计凭证、会计账簿,编制虚假财务会计报告,构成犯罪的,依法追究刑事责任。

有前款行为,尚不构成犯罪的,由县级以上人民政府财政部门予以通报,可以对单位并处五千元以上十万元以下的罚款;对其直接负责的主管人员和其他直接责任人员,可以处三千元以上五万元以下的罚款;属于国家工作人员的,还应当由其所在单位或者有关单位依法给予撤职直至开除的行政处分;对其中的会计人员,并由县级以上人民政府财政部门吊销会计从业资格证书。

第四十四条 隐匿或者故意销毁依法应当保存的会计凭证、会计账簿、财务会计报告,构成犯罪的,依法追究刑事责任。

有前款行为,尚不构成犯罪的,由县级以上人民政府财政部门予以通报,可以对单位并处五千元以上十万元以下的罚款;对其直接负责的主管人员和其他直接责任人员,可以处三千元以上五万元以下的罚款;属于国家工作人员的,还应当由其所在单位或者有关单位依法给予撤职直至开除的行政处分;对其中的会计人员,并由县级以上人民政府财政部门吊销会计从业资格证书。

第四十五条 授意、指使、强令会计机构、会计人员及其他人员伪造、变造会计凭证、会计账簿,编制虚假财务会计报告或者隐匿、故意销毁依法应当保存的会计凭证、会计账簿、财务会计报告,构成犯罪的,依法追究刑事责任;尚不构成犯罪的,可以处五千元以上五万元以下的罚款;属于国家工作人员的,还应当由其所在单位或者有关单位依法给予降级、撤职、开除的行政处分。

第四十六条 单位负责人对依法履行职责、抵制违反本法规定行为的会计人员以降级、撤职、调离工作岗位、解聘或者开除等方式实行打击报复,构成犯罪的,依法追究刑事责任;尚不构成犯罪的,由其所在单位或者有关单位依法给予行政处分。对受打击报复的会计人员,应当恢复其名誉和原有职务、级别。

第四十七条 财政部门及有关行政部门的工作人员在实施监督管理中滥用职权、玩忽职守、徇私舞弊或者泄露国家秘密、商业秘密,构成犯罪的,依法追究刑事责任;尚不构成犯罪的,依法给予行政处分。

第四十八条 违反本法第三十条规定,将检举人姓名和检举材料转给被检举单位和被检举人

个人的,由所在单位或者有关单位依法给予行政处分。

第四十九条 违反本法规定,同时违反其他法律规定的,由有关部门在各自职权范围内依法进行处罚。

第七章 附 则

第五十条 本法下列用语的含义:

单位负责人,是指单位法定代表人或者法律、行政法规规定代表单位行使职权的主要负责人。

国家统一的会计制度,是指国务院财政部门根据本法制定的关于会计核算、会计监督、会计机构和会计人员以及会计工作管理的制度。

第五十一条 个体工商户会计管理的具体办法,国务院财政部门根据本法的原则另行规定。

第五十二条 本法自 2000 年 7 月 1 日起施行。

(资料来源:http://baike.baidu.com/view/84065.htm.)

参考文献

[1] 许群,王国生.简单轻松学旅游饮食服务企业会计[M].北京:中国市场出版社,2008.

[2] 孙磊.轻松当会计[M].北京:企业管理出版社,2008.

[3] 高汉祥.写给老板读的会计书[M].北京:机械工业出版社,2010.

[4] 杨欣.轻松学会计[M].北京:化学工业出版社,2010.

[5] 吴芳.手把手教你制单、记账、报表、报税[M].北京:民主与建设出版社,2010.